EL TRABAJO EN EQUIPO DE LOS MAESTROS

Entre la reflexión y la investigación

El trabajo en equipo de los maestros

Entre la reflexión y la investigación

James Frank Becerra Martínez
María Liliana Benítez Agudelo
Óscar Leonardo Cárdenas Forero
María Anais Moncada Rodríguez
Edith Constanza Negrete Soler
Sonia Milena Uribe Garzón

Título: EL TRABAJO EN EQUIPO DE LOS MAESTROS
Entre la reflexión y la investigación

Primera edición: Cooperativa Editorial Magisterio, 2018

ISBN 978-958-20-1306-6

Diag. 36 Bis (Parkway La Soledad) N° 20-70

PBX: (0571) 338-3605

Bogotá, D.C., Colombia

www.magisterio.com.co

Edición: Hernán Suárez

Escriba sus comentarios sobre la edición de este libro a: info@magisterio.com.co

Impreso en Colombia

Catalogación en la publicación – Biblioteca Nacional de Colombia

El trabajo en equipo de los maestros : entre la reflexión y la investigación / James Frank Becerra Martínez ... [et al.]. -- 1a. ed. – Bogotá : Editorial Magisterio, 2018.

p. 176

Incluye referencias bibliográficas.

ISBN 978-958-20-1306-6

1. Trabajo en equipo (Educación) 2. Maestros 3. Pedagogía

CDD: 371.148 ed. 23 CO-BoBN– a1020632

Contenido

SEGUNDA PARTE
MAESTROS EN COLECTIVO
UNA DÉCADA DE ACTIVIDAD PEDAGÓGICA

Prologo

La institución escolar es un escenario de formación permanente del profesor. En ella se viven diversos acontecimientos dentro y fuera del aula que exige la comprensión y sabiduría para contribuir en la creación de ambientes propicios para la convivencia y liderazgo de apuestas pedagógico-didácticas que resignifiquen y signifiquen el horizonte de sentido de la escuela y se atienda una de las exigencias del contexto actual, como es la formación de ciudadanos conscientes y críticos para sociedades como la nuestra.

Este compromiso requiere de profesores dispuestos a pensar el ambiente escolar, reflexionar sobre la relación escuela-sociedad, buscar opciones para transformar las relaciones con el otro, con el conocimiento y con el entorno físico, natural y sociocultural y realizar actividades en el aula que tengan en cuenta las comunidades culturalmente diferenciadas que se encuentran en ella. Se hace necesario que los profesores intercambien puntos de vista, comenten sus vicisitudes, dialoguen sobre el acontecer que se vive día a día en la escuela y emprendan propuestas colectivas no solo sobre las clases y la enseñanza, sino también para comprender el devenir del ambiente educativo y las exigencias del contexto cultural del cual hace parte la comunidad educativa.

Los autores del presente libro son profesores que desde hace varios años se han preguntado cómo realizar mejor sus prácticas pedagógicas, han reflexionado sobre las perspectivas de trabajo en el aula, enriquecido y aportado en la creación de currículos propios, hacen parte de otros colectivos interinstitucionales, participan en diversas propuestas innovativas e investigativas, actividad en la cual se evidencia su propia transformación y su impacto en la comunidad académica, particularmente en los contextos culturales en los cuales actúan y lideran. Están convencidos que el trabajo en equipo se constituye en una opción para repensar el sentido de la institución escolar, proyectarse cada uno como profesores de la educación inicial, básica, media y universitaria, realizar proyectos conjuntos que aporten al trabajo en el aula y contribuyan al entendimiento y organización del ambiente educativo que requieren hoy nuestras instituciones escolares.

Cuando se refieren al trabajo en equipo, los profesores inspiradores de la presente obra consideran necesario contextualizar los imaginarios y supuestos que dan cuenta del o los sentidos y significados del sistema educativo. Exponen como estos se han ajustado a planteamientos que devienen de las necesidades y objetivos en los campos como el empresarial y la psicología y el ambiente educativo. Para avanzar en el entendimiento del trabajo en equipo, los autores consideran el discurso y la práctica que denota el sentido del maestro, de tal forma que se devela sus actuaciones, comprensiones y decisiones en su acción pedagógica.

El quehacer del maestro es una práctica cultural, sus actuaciones y discursos están cruzados por los imperativos culturales, se puede distinguir en su práctica ciertas creencias, juicios e imaginarios. En las actividades y actuaciones del maestro se evidencia una forma de entender lo pedagógico-didáctico, el o los conocimientos, el educar, la formación, la clase, la escuela, la sociedad, el otro, etc. Por ejemplo, el contexto que vivimos hace parte de una sociedad individualista que genera una forma de relacionarse con el otro (imaginario que hoy día aún persiste en la mayoría de las acciones de la vida cotidianidad). Esta idea está presente en el ambiente educativo de las instituciones escolares, los estudiantes, maestros y directivas les es difícil emprender trabajos colectivos o reconocer al otro.

Los autores del libro asumen el desafío de pensar el trabajo en equipo, superando de esta forma el individualismo, la soledad y la negación del otro para leerse como colectivos con intereses comunes que llevan a construir sentidos y significados de ser profesores. Se comprende el otro como un colega con el cual se aprende, se diferencia y reconoce en sus modos de pensar, hablar y ser en la acción pedagógica y en su vida cotidiana.

El trabajo en equipo es posible en tanto se esté dispuesto a trabajar con el otro, la construcción colectiva esta mediada por la subjetividad e intersubjetividad presentes en la búsqueda y consciencia de realización de lo que se emprende estudiar, solucionar o proponer.

Cada equipo se auto organiza, autorregula y crea sus propias formas de comunicación de lo que realizan (escritos, investigaciones, propuestas de aula, actividades en el ambiente educativo o gestión en su espacio escolar).

El trabajo en equipo se constituye en otro escenario de cualificación, crecimiento personal y profesional; es un ámbito posible para dar rienda suelta a la creatividad e invención de los intereses individuales y colectivos; esta cruzado por la emotividad, la relajación, la confrontación académica y la complicidad de sueños y proyectos que se desean realizar, en particular en los escenarios pedagógicos en los cuales se vive y compromete.

Se realiza una apuesta a la comunidad académica, evidenciada en dos equipos de trabajo *Ambientes de Aprendizaje en el Aula y Fomento de la innovación a la investigación* (del cual hacen parte los profesores de la presente obra), que dan cuenta que es posible aportar a la construcción del horizonte de sentido de la institución escolar, se asume el reto y desafío de generar otras relaciones con el conocimiento, con el otro y con el entorno, que tengan en cuenta los contextos culturales y que contribuyan a la formación de profesores líderes que requiere nuestro país.

Rosa Inés Pedreros Martínez

Introducción

Diversos discursos resaltan hoy la instauración de nuevas prácticas y concepciones que transfiguran los modos de ser del conocimiento, la ciencia, la sociedad, la economía, el ambiente, el desarrollo, y por supuesto, la educación. Dichas transformaciones implican cambios en las maneras como se concibe, afronta y se vivencia el trabajo en las organizaciones sociales, al igual que la necesidad de prepararse para afrontar nuevos desafíos, lo que exige que los sujetos adopten condiciones distintas para asumir estas relaciones laborales emergentes y desarrollen las habilidades gerenciales necesarias para el éxito empresarial, como por ejemplo, "la asertividad, la negociación, el liderazgo y la inteligencia emocional; su evaluación y su influencia en personas que desarrollan cargos gerenciales en la actualidad, que logren enfocar en sus subordinados la importancia de consolidar un trabajo en equipo realmente proactivo" (Arango, 2012, p. 3).

Entre estas concepciones y prácticas que se instalan aparece el reconocimiento de que la producción se ha vuelto intelectual, efecto del encuentro de cerebros, que deriva en acciones de creatividad e innovación, en producción de conocimientos, que se muestran como productos intangibles de alto valor y beneficio y a través de los cuales se reconoce el progreso social, altos niveles de calidad y el alcance de la excelencia.

Las condiciones contemporáneas develan la existencia de maneras distintas de actuación de los sistemas y de los sujetos que interactúan e intervienen, que se van complejizando en la medida que emergen nuevas dilucidaciones y maneras de comprender el acontecer actual, haciéndose evidentes en la transformación de la organización de las instituciones, en la creación de funciones, en la distribución del trabajo, en las prácticas profesionales, en las relaciones laborales, en la necesidad de innovar en las organizaciones empresariales y sociales para mejorar sus resultados, servicios y su funcionamiento.

En las actuales condiciones históricas, en las que se destaca el valor del conocimiento en la producción, las instituciones y organizaciones de distinto orden han visto necesario reacondicionar sus estructuras, sus formas de trabajo, de acción, mediación y de creación, en la vía de resaltar el valor del trabajo intelectual como un asunto fundamental para alcanzar los niveles de avance y de competitividad que hoy se les exige. Unido a ello, han comprendido que el trabajo intelectual, que le genera una plusvalía a la organización, se desarrolla y se posibilita de mejor manera cuando los sujetos en sus relaciones laborales interactúan frente a una tarea o la resolución de un problema que requiere de su intervención.

Los sistemas educativos son permeados por estas condiciones emergentes y marcan pautas para adelantar intervenciones que redunden en alternativas de crecimiento, producción, eficiencia, como también de progreso, calidad y excelencia. Surgen entonces o se introducen cambios en las formas de proceder de los sujetos en la escuela, en particular en las relaciones de trabajo de los maestros, que se materializan en la incursión de nuevos discursos y prácticas, en un nuevo léxico que trastoca las acciones, los procesos y los modos de relación subjetiva. Por ejemplo, se involucran lenguajes propios del ámbito empresarial, como el de cultura organizacional, clima organizacional, redes de comunicación, reingeniería, eficiencia del sistema, sociedades de conocimiento, modelos de liderazgo, trabajo en equipo, entre otros, para referirse a las formas como los maestros se relacionan laboralmente y que de alguna u otra manera muestran una escuela y un maestro distintos.

En esta racionalidad contemporánea, según Lyotard (1987), el saber se ha mercantilizado, adquiriendo un mayor valor aquel elaborado colegiadamente y cuyo propósito se orienta a la transformación de los procesos sociales, organizacionales y productivos (saber performativo). Con este acontecimiento el trabajo empresarial se ha visto enfrentado a profundas modificaciones y la performatividad se ha venido instalando como una estrategia que se cristaliza en la posibilidad de que el saber y el lenguaje se traduzcan en acciones tendientes a transformar el entorno en donde interviene, "que utiliza evaluaciones, comparaciones e indicadores como medios para controlar, desgastar y producir cambio" (Ball, 2003, pp. 89-90). La riqueza y el éxito empresarial entonces, comienzan a medirse "en términos del control sobre las ideas en la forma de capital intelectual e intangible" (Rifkin, 2000, p. 35).

La producción de símbolos, imágenes, ideas colectivas, el talento de los trabajadores y el trabajo en equipo se convierten en componentes básicos para determinar el desempeño de las personas, su rendimiento, calidad, productividad y competitividad. Adicional, la innovación, la investigación y la cooperación emergen como las acciones a ejecutar para realizar las trasformaciones necesarias que redunden en el crecimiento de las empresas.

El trabajo en equipo comienza a valorarse como una condición del criterio performativo del saber y como una estrategia competitiva para participar en el mercado global, de la producción intangible, del éxito empresarial y de la cualificación de los recursos humanos, que estimula la creatividad y la innovación, pues se considera, como lo menciona Lazzarato (2006), que la invención es una cooperación entre cerebros y que "las actuaciones en general son mejoradas por el trabajo en equipo" (Lyotard, 1987, p. 42) .La sociedad se ha ido constituyendo en una gran empresa "en la que cada uno es un "socio" que realiza un "trabajo en equipo" (Teamwork)" (Castro, 2010, p. 210), pues en la mentalidad de los trabajadores se instala la idea y disposición para sentirse comprometidos con el bienestar de la organización.

En otras palabras, el trabajo en equipo aparece como un estado primordial para la producción del saber (de un saber que se plasma en acciones transformadoras), de la investigación, de la creación y de la innovación, lo que provoca un cambio en el rol del trabajador, la organización del trabajo, la flexibilización de la producción, así como en la calidad, la excelencia, el progreso y la eficacia de las organizaciones sociales, políticas y económicas. En consecuencia, irrumpen diversas acciones para impulsar y fortalecer una modalidad de trabajo en la que el trabajo intelectual del trabajador se configura en un factor de producción de conocimiento, en un ambiente de regulación y de deliberación subjetiva y como una característica propia de las habilidades gerenciales necesaria para alcanzar el éxito y la competitividad empresarial.

El trabajo en equipo se ha ido convirtiendo en una de las principales estrategias de la producción económica, de rendimiento empresarial y de la calidad de los procesos organizativos de las estructuras sociales, hecho que ha modificado las formas de trabajo y las maneras cómo interactúan los sujetos en los procesos productivos y sociales, para lo que se requiere la formación de unos sujetos, capital humano, con un alto desarrollo de sus habilidades cognitivas, comunicativas y por supuesto, la capacidad de trabajar en equipo, premisas ampliamente valoradas por el mundo productivo, al punto que la formación subjetiva gira alrededor de estos principios.

Es importante destacar que a este fenómeno no escapa el acontecer de la escuela, pues hoy se resalta la importancia de motivar y fortalecer el trabajo intelectual de los maestros, en especial, el producido en equipo y colectivamente, como una práctica para lograr el mejoramiento de la calidad y la excelencia de los procesos educativos y escolares. De igual manera es un escenario legitimador de las acciones pedagógicas realizadas por los maestros quienes inmersos en este contexto se enfrentan a nuevos retos, obligados a transformar sus prácticas de trabajo, roles y producción pedagógica.

En escenarios colaborativos y de encuentro pedagógico es factible reflexionar, analizar, pero en especial, exponer y formular alternativas tendientes a transformar el acontecer escolar y resaltar la idea que en estos ambientes de cooperación es posible la cualificación y profesionalización de los maestros, entre otras cuestiones. El trabajo en equipo de los maestros va adoptando un carácter performativo en la medida en que el saber producido en estos ambientes se traduce en formulaciones, políticas, mecanismos, alternativas y materiales dirigidos al mejoramiento e innovación institucional y de las prácticas pedagógicas.

De hecho, incursiona la idea entre los maestros que quienes produzcan mayor saber con alto contenido innovador, que muchas veces se materializa en publicaciones, elaboración de proyectos y trabajos pedagógicos, son sujetos considerados altamente competitivos, productivos y calificados para la labor pedagógica, con niveles superiores de evaluación y de excelencia, cuya experiencia no solo es reconocida y valorada, sino replicada por otros colegas. Al respecto, Ball (2003) señala que en la medida en que los maestros son recreados como productores de saber, no solo aparecen nuevos roles y subjetividades sino que se arriesgan a ser sometidos a evaluaciones continuas y comparaciones de desempeño, instalando formas distintas de relación pedagógica mediadas por la competición, la eficiencia y la productividad.

No obstante, la irrupción de este modo de pensar en particular comprende que tal como fue concebida e instituida la escuela en cierto momento, no fue considerada para que los maestros trabajaran en equipo, lo que en muchas ocasiones genera resistencias, pues hay quienes consideran que hay actividades que se pueden realizar eficazmente si se llevan a cabo de manera individual y que la escuela no se puede organizar como una empresa, con lo que se producen sospechas y en cierta medida críticas, ya que una de las tradiciones instauradas en la escuela ha sido el trabajo aislado e insular de los maestros. Hoy las circunstancias se transforman para mostrar el trabajo en equipo como una manera justificada de actuación pedagógica.

Este discurso instalado en la escuela obedece a las condiciones contemporáneas de existencia según las cuales esta forma de trabajo es un estado que facilita la productividad y la excelencia, mejora la calidad de los procesos, y por supuesto, los resultados obtenidos, ya que se delegan funciones y tareas, se asignan responsabilidades, se comparten ideas, lo que se traduce en innovación, creación y competitividad.

De igual manera, se viene introduciendo el discurso de la necesidad de profesionalizar, cualificar y mejorar la condición del maestro, sus prácticas pedagógicas y su trabajo en el aula, para lo cual es fundamental la constitución de escenarios de encuentro colectivo en el que se compartan ideas, se formulen alternativas y se transfiguren las practicas pedagógicas y la escuela en general. Entre las acciones que se han venido emprendiendo e implementado aparece la necesidad de apostar por dinamizar e impulsar el trabajo colaborativo de los maestro, a fin de garantizar el mejoramiento de su quehacer pedagógico y como una manera de validar y reflexionar lo que sucede respecto a la educación y a la escuela.

De este modo se introduce en la escuela el trabajo en equipo como una estrategia de intervención que contribuye al mejoramiento de la calidad educativa, al profesionalismo de los maestros y la transformación de su perfil docente. Al mismo tiempo, se configura como unos de los factores determinantes para la consecución de la calidad de la educación, la reflexión y cambio de los procesos pedagógicos, educativos y escolares. Todo ello apoyado en argumentos sólidos que sustentan el valor del trabajo en equipo de los maestros, como reconocer que la colaboración "permite analizar en común problemas que son comunes, con mayores y mejores criterios" (Antúnez, 1999, p. 94), además de favorecer las posibilidades de mejoramiento de la enseñanza.

Además de ser una oportunidad para reflexionar los asuntos escolares y educativos, el trabajo en equipo de los maestros se manifiesta como una posibilidad de formación, cualificación y profesionalización de los profesores, en la medida en que en los encuentros se debaten los asuntos comunes relacionados con la escuela, se valida la producción de saber de los maestros, su conocimiento y experiencia, se exponen los asuntos que los afectan, que en última instancia, mejoraran las prácticas pedagógicas con sus niñas, niños y jóvenes.

El trabajo en equipo de los maestros se convierte en una condición básica para mejorar la calidad de la enseñanza, en un criterio y asunto preliminar para lograr posteriormente constituir equipos de trabajo pedagógico que en sus encuentros apuesten por la formulación de políticas que redunden en el mejoramiento y la reconversión de la escuela, ideas que se apoyan en pronunciamientos y en la formulación de normatividades que al describir el perfil de los maestros destacan la importancia de trabajar en equipo, reconociendo esta forma de trabajo como una competencia laboral fundamental para su desempeño profesional.

De otra parte, es importante resaltar que el trabajo en equipo de los profesores es uno de los campos de conocimiento que escasamente ha sido analizado por los investigadores y cuando se aborda, el referente de análisis es el escenario del mundo empresarial, lo que hace necesario examinar los factores que en cierta manera lo instalan hoy como prioridad, los hechos que lo facilitan, lo dificultan y los caminos para que otros maestros apuesten por esta forma de trabajo en la escuela. Y a la vez proponer acciones que contribuyan al mejoramiento de las instituciones escolares y la educación. Y esto al parecer se debe a que en limitadas ocasiones el maestro habla de sus inquietudes, intenciones e inconformismos, de sus deseos y proyecciones en su actividad pedagógica y profesional, tal vez, porque en la escuela lo urgente, inmediato y lo prioritario es responder a sus obligaciones como maestro

> *[...] mirar como resuelve sus dificultades y conflicto que se desbordan en la cotidianidad del ambiente escolar (preparar clase, asistir a reuniones, elaborar los logros, indicadores, pensar en la evaluación, en las actividades como izadas de bandera, realizar charlas con los padres de familia, entre otras) (Grupo Fomento II, 2007, p. 1).*

En las fronteras de la escuela, en los lugares invisibilizados por las rutinas escolares, el trabajo colaborativo entre maestros venía ocurriendo de manera limitada, enfrentándose a los modos instituidos de enseñar, innovar e investigar. Sin embargo, se fue valorando la importancia de la cooperación y el trabajo en equipo de los maestros como uno de los criterios a considerar en la organización, funcionamiento y en la calidad de la enseñanza.

Una de las acciones colectivas desempeñadas por los profesores dentro de sus nuevos roles laborales, consiste en el trabajo en equipo, considerado este como una habilidad caracterizada por el logro de una interdependencia entre los profesionales participantes en busca de los propósitos (Bonavia, et al. 2015. pp. 669-670).

Por ser una tendencia mundial en todas las organizaciones, las instituciones educativas se ven enfrentadas a introducir en sus prácticas y procesos términos relacionados con la competencia, la calidad y la excelencia laboral en el trabajo, que se plasma en la proposición del trabajo en equipo como un criterio para el logro de estos propósitos. Además de contribuir a ello, esta forma de trabajo se transfigura en un espacio en el que se reconocen y escuchan los maestros, a través de charlas, discusiones o conversatorios mediados por unas pautas de comunicación (escuchar cuando el otro habla, solicitar la palabra levantando la mano, etc.) que visibiliza estas nuevas formas de ser maestro y de hacer escuela, además de caracterizar los comportamientos y desempeños de los maestros frente a los roles asignados y las responsabilidades propuestas.

Como se ve,

> *El trabajo en equipo conlleva el ejercicio de un trabajo grupal que requiere unas capacidades relacionales a las que se les presta gran atención, y el ejercicio de un trabajo individual que depende de la valía personal de cada uno de los miembros del equipo y que sustenta en buena parte al trabajo grupal, sin embargo, a él se le presta menos atención. Desde la óptica del trabajo en equipo, se insiste en que este modo de trabajar —en equipo— es una actividad que contribuye a desarrollar capacidades como ser un buen oyente, comprender a los demás, estar dispuesto a cooperar, saber adaptarse a las circunstancias, capacidades todas ellas que Sennett denomina capacidades blandas (Espot y Nubiola, 2006, p. 205).*

Ahora bien, cabe cuestionarse a qué se denomina trabajo en equipo de los maestros, pues, como se ha afirmado, una cuestión es trabajar en grupo y otra muy distinta trabajar en equipo.

Según Albericio (2005), el trabajo en grupo se relaciona con aquellas acciones que adelantan las personas para llevar a cabo una tarea, en las que el encuentro se limita a la suma de aportaciones individuales, mientras que el trabajo en equipo significa un trabajo coordinado y de producción de sinergias en relación con la ejecución de un proyecto, en el que cada participante se especializa en un área, se responsabiliza de una función y se compromete con alguna labor para llevar a cabo el objetivo propuesto.

Para algunos el concepto de trabajo en equipo se relaciona con la posibilidad de los maestros de encontrarse voluntariamente para compartir ideas, intereses, puntos de vista, pero que se reconocen como singularidades que requieren interactuar para colocar en juego esos significados y sentidos otorgados a lo que ocurre en la escuela; que reconocen sus diferencias y divergencias, pero que comprenden la necesidad de negociar para establecer acuerdos y producir acciones que redunden en la transformación escolar y contribuyan en la formulación de estrategias de resolución de problemas. En este sentido, el trabajo en equipo se comprende como una serie de relaciones que se establecen entre sujetos, maestros, que comparten un interés común a través de las cuales reconocen mutuamente sus potenciales, fortalezas y debilidades, en un "escenario que les permite afirmarse, alimentar sus propuestas y darles una fuerza colectiva a sus acciones" (Unda, 2002, p. 5).

De igual manera, es importante aclarar que una cuestión es el equipo de trabajo y otra muy distinta trabajar en equipo. Según Bayas (2007):

> *[...] el primero hace referencia al conjunto de personas asignadas –de acuerdo a sus habilidades y competencias específicas– para cumplir una determinada meta. Mientras tanto, el trabajo en equipo se refiere a la suma de estrategias, procedimientos y metodologías que utiliza un grupo humano para lograr metas propuestas. En este tipo de labor siempre hay responsabilidades que se comparten (párr. 3).*

Es necesario valorar, siguiendo a Ehrlich (2002), que trabajar juntos en forma cotidiana no garantiza que un grupo de personas inmediatamente se constituya en un equipo de profesionales, pues el trabajo en equipo "se basa en habilidades y conductas específicas y, en la mayoría de los casos, requiere el esfuerzo conjunto de todos los interesados" (p. 71). En el caso particular de los maestros:

> *Los profesores, al igual que la mayoría de las personas, no trabajan solos sino que comparten su medio laboral con otros. Sin embargo, trabajar junto a otras personas no implica trabajar en equipo, ya que hacerlo es todo un desafío que requiere una mirada colectiva de los objetivos y exige el compromiso de todas las personas involucradas frente a unas expectativas comunes. No obstante, cuando se logra resulta altamente enriquecedor para el grupo y cada uno de quienes lo conforman (Bugueño y Ramos, 2008, p. 1).*

En la medida en que se comparten visiones, se enriquecen las miradas y las formas de comprensión del mundo, pero también se transforman o desaparecen perspectivas arraigadas en las prácticas pedagógicas de los maestros, que en el tiempo se legitima y se muestran inmutables. Más aún, diversas son las condiciones que influyen muchas veces para que el trabajo en equipo se suscite. Entre ellos se encuentra "la falta de capacidad de los propios docentes para establecer dispositivos y metodologías de trabajo adecuadas" (Antúnez, 1999, p. 96).

Según Antúnez (1999), en conjunto con esta causa se encuentran una serie de factores culturales muy arraigados entre los maestros y el incumplimiento de algunos requisitos que son una condición fundamental para que la colaboración en el trabajo en equipo entre maestros sea factible.

Ilustración 1.
Obstáculos para el trabajo en equipo de los maestros

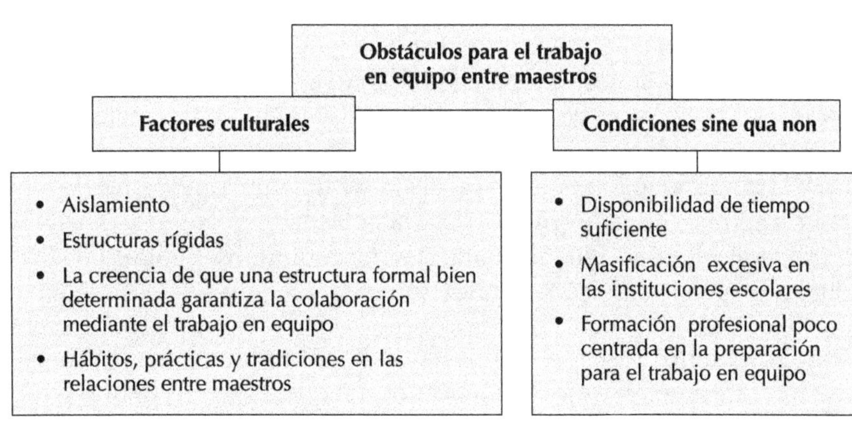

Entre los *factores culturales* están la soledad y aislamiento de los maestros, la presencia de estructuras rígidas instaladas en el tiempo en la escuela, la creencia de que una estructura formal bien determinada garantiza la colaboración mediante el trabajo en equipo, hábitos, prácticas y tradiciones en las relaciones entre maestros, como por ejemplo, considerar que el trabajo profesional de los maestros se reduce a la enseñanza con los niños en el aula, establecimientos con jornadas, tareas y horarios que dificultan los encuentros pedagógicos, existencia de conflictos no resueltos entre los maestros ocurridos en otros tiempos o las actuaciones pasivas de ciertos maestros frente al trabajo en equipo para evitar manifestar sus inconformismos, intereses, necesidades y deseos de actualización profesional.

> *[...] la poca disponibilidad de tiempo que tiene el profesor en su jornada laboral para realizar un trabajo en colaboración con otros profesores, hacen pensar que conseguir equipos docentes que trabajen satisfactoriamente no es uno de los objetivos prioritarios en el ámbito escolar. En este sentido, llama la atención el modo como los horarios escolares de los profesores dificultan —con frecuencia— los encuentros, el intercambio y la colaboración entre profesores. Sin embargo, el trabajo en equipo entre profesores es considerado uno de los factores que identifican que una educación sea de calidad, sin olvidar que la mejora de la calidad en nuestras aulas es uno de los objetivos esenciales del sistema educativo vigente en nuestro país. (Espot y Nubiola, 2006, p. 203)*

En cuanto a las condiciones *sine qua non* de los maestros para trabajar en equipo, Antúnez (1999) señala entre otras, la disponibilidad de tiempo suficiente de los maestros para encontrarse con los otros para debatir los asuntos escolares, educativos, pedagógicos y aquellos relacionados con la enseñanza y la didáctica, (pues por lo general, se reduce al trabajo en el aula con los estudiantes), a la masificación excesiva en las instituciones escolares, lo que imposibilita el encuentro y la comunicación entre los maestros y una formación profesional poco centrada en la preparación para el trabajo en equipo, pues por lo general, durante mucho tiempo se ha resaltado el trabajo individual de los maestros como condición de actuación en la escuela.

Todo lo anterior resalta el valor del trabajo en equipo de los maestros en la escuela como condición de su quehacer, de pensarse de un modo distinto a fin de transformar su estatus y aportar elementos para el mejoramiento de la calidad de los procesos pedagógicos, reconociendo con ello, sus ventajas, beneficios y limitaciones.

Primera parte

El trabajo en equipo de los maestros
Entre la reflexión y la investigación

Capítulo I
Sentidos y significados

La incursión del trabajo en equipo y su materialización en prácticas singulares se ha vendido introduciendo con bastante fortaleza en las actuaciones de las organizaciones, impulsando con ello la idea de que "la producción flexible [...] depende cada vez más de la capacidad de innovación y creatividad de los trabajadores" (Castro, 2010, p. 221) actuando colegiadamente, por tanto, lo más importante es propiciar acciones colectivas que favorezcan la interacción intelectual, afectiva y emocional en favor de la investigación y la producción de bienes inmateriales. Dicha irrupción ha instalado la idea de que esta forma de trabajo autodirigida y autorregulada, en la que la autoridad y la responsabilidad se delegan, mejora el rendimiento, la eficiencia y la competitividad en los procesos productivos, creativos y sociales.

En múltiples escenarios el trabajo en equipo es concebido como una práctica de encuentro colectivo (de contactos presenciales o de encuentros virtuales) de singularidades para cooperar, intercambiar ideas, tomar decisiones y negociar, respecto a un proyecto, una acción común a los sujetos que intervienen en esta dinámica, que de alguna forma se traduce en la formulación de propuestas, servicios o productos como resultado de los acuerdos y esfuerzos mancomunados.

1. Significaciones a partir de diferentes ámbitos

Diversas son las acepciones, provenientes de algunos escenarios, que han aportado en el camino de definir y dar significado al concepto de trabajo en equipo. Entre esos ámbitos se encuentran el empresarial, psicológico, y por supuesto el educativo, en donde se han conseguido en los últimos años importantes desarrollos, estudios y propuestas.

En lo empresarial

Para Albericio (2005) se vienen presentando profundas y aceleradas transformaciones en la organización y gestión de las empresas tanto del sector privado como del gubernamental, lo que redunda en el declive de aquellas estructuras rígidas, estáticas y jerarquizadas, para dar paso a formas de organización caracterizadas por la flexibilidad, la descentralización, el trabajo conjunto y de relaciones horizontales, lo que no solo favorece la reducción de costos sino la consecución efectiva e inmediata de resultados, que se materializan en el mejoramiento de la calidad y en el aumento de la cantidad y la reducción de inversiones y tiempo.

El trabajo en equipo empresarial comienza a justificarse a partir de las sinergias que produce, es decir, a las acciones que se generan como efecto de la conjunción, del encuentro de singularidades, que desembocan en el mejoramiento de su eficacia, de sus procesos y en la producción.

Para las grandes empresas es fundamental seleccionar personal que tengan unas cualidades específicas que contribuyan en su rendimiento y crecimiento económico y productivo, es decir, aquellos "quienes pueden trabajar en equipo y entiendan la riqueza de entablar relaciones humanas adecuadas en los diferentes campos de la vida" (Rodríguez, s.f. párr.3), con habilidades comunicativas para establecer relaciones personales horizontales que no se restrinjan a las relaciones jerárquicas habituales en muchas organizaciones, y en las cuales es válida la opinión de todos y todo es susceptible de ser discutido o aprobado.

Una de las claves que tienen las empresas con altas ganancias y utilidades es asumir los procesos laborales como un equipo de trabajo en el que todos los miembros le apuestan con sus acciones al logro del progreso empresarial, tomando distancia de esa concepción de grupo que solo piensa en el beneficio particular y en la obtención de determinados resultados (especialmente personales), para hacer sentir y pensar a todos los empleados que son parte importante y fundamental de los procesos productivos y que los aportes redundan en beneficio de todos.

De este modo se han identificado múltiples beneficios, entre los que se destacan:

1. Mayor productividad.
2. Uso eficaz de los recursos.
3. Mejor solución de los conflictos.
4. Mejor calidad de los productos y los servicios.
5. Mayor creatividad e innovación.
6. Mejor calidad de las decisiones. (Ehrlich, 2002, p. 19),

El trabajo en equipo se constituye en una de las formas de producción empresarial adoptada por muchas compañías en el mundo contemporáneo.

En el campo de la psicología

Según los psicólogos, el trabajo en equipo se relaciona con aquella forma de trabajo en la que unos sujetos con unas capacidades y competencias particulares se encuentran para resolver situaciones y asuntos de interés común en unos tiempos determinados de manera eficaz que requieren de su intervención. En estos equipos, de acuerdo a Aguilar y Vargas (2010), sus integrantes se identifican con el alcance del objetivo, asumen roles, se comunican de forma clara y fluida, puede observarse el involucramiento de diversos componentes afectivos, generando buenas relaciones interpersonales, así como una espontánea colaboración, ayuda mutua, cohesión, afinidad y conciencia de grupo, un equipo con alta productividad y bajo nivel de conflicto interpersonal que redunda en el alcance de los objetivos y en el mejoramiento de los resultados.

Según Gardner (1987) la posibilidad del trabajo en equipo se da en la medida que se potencia en las personas la inteligencia interpersonal, la cual se constituye a partir de la capacidad para percibir y sentir distinciones entre los demás, en particular, contrastes en sus estados de ánimo, temperamento, motivaciones e intenciones. Según este psicólogo, la inteligencia interpersonal es mucho más importante en la vida diaria que la misma capacidad intelectual y académica, porque es la que determina la elección de muchas de las decisiones a las que las personas se enfrentan y, en gran medida, el éxito en el trabajo, en la profesión o en el estudio, ya que el desarrollo de esta inteligencia se basa en la empatía y la capacidad de manejar las relaciones interpersonales.

En el ámbito educativo

Para Antúnez (1999) el trabajo en equipo se relaciona con el encuentro que propician los maestros cuyo objeto se enfoca a compartir percepciones, a dar cuenta de una propuesta en común que poseen, a afirmar acuerdos sobre los procedimientos, a cooperar entre sí, a aceptar compromisos y responsabilidades, a resolver los conflictos en discusiones abiertas. Para Lara (2011) trabajar en equipo comporta un nuevo planteamiento en las prácticas de los maestros, ya que se hace necesario, como condición para alcanzar la excelencia y la calidad, la planificación, lo que significa reconocer que:

> *No hay duda de que trabajar en colaboración incrementa las oportunidades que tenemos los profesores para aprender unos de otros. Trabajar en equipo, en primer lugar, posibilita una buena coordinación entre actividades y responsabilidades; en segundo lugar, reúne conocimientos y capacidades; y, en tercer lugar, comparte y reduce cargas. (Espot y Nubiola, 2006, p. 201)*

Sin embargo, en la escuela existen diversos obstáculos que dificultan el trabajo en equipo de los maestros, como la disposición a trabajar individualmente, las concepciones, ideologías y maneras de proceder en el aula y de comprender la educación y la pedagogía. Tal como está configurada la escuela es proclive a favorecer el trabajo individual o aislado y en ciertas circunstancias, susceptible de permitir el trabajo atomizado entre los maestros alrededor de un proyecto común. Al respecto, Espot y Nubiola (2006) señalan:

> *El abanico de trabajos que el profesor debe realizar es amplio. Algunos de estos trabajos debe realizarlos de un modo individual, en cambio, otros en equipo. El estudio que exige la preparación de una clase, el asesoramiento personal a los alumnos, la corrección de exámenes y trabajos, adecuar las actividades a los ritmos y características del grupo clase, la preparación de las entrevistas individuales con los padres de los alumnos, son trabajos que el profesor de ordinario debe hacer de forma individual. Por el contrario, aquellos trabajos que hacen referencia a qué, cuándo y cómo enseñar y evaluar requieren una labor de equipo. En este segundo grupo de trabajos se encuentra la preparación de la programación de cada asignatura. La programación se realiza al inicio del curso escolar y a lo largo de éste, en las reuniones departamentales, se revisa y actualiza. En la programación deben quedar determinados, por una parte, los objetivos y los contenidos —conceptos, procedimientos y actitudes— que el profesor se pro-*

> *pone enseñar a sus alumnos, y por otra, cuándo y cómo los enseñará y evaluará. Esta labor de equipo tiene que llevarse a cabo de modo que ningún profesor sienta amenazado el propio estilo de trabajo, ni adopte actitudes defensivas que inevitablemente repercutirían negativamente en el funcionamiento del grupo. Asimismo, la organización del centro, es decir, el horario, la normativa interna, la distribución de aulas, el calendario de exámenes y de juntas de evaluación, las salidas con alumnos, las relaciones escuela-familias, son actividades entre otras que requieren también una división del trabajo y su coordinación, esto es, un trabajo en equipo (pp. 201-202).*

Encontrarse fuera de la jornada laboral con otros maestros significa asumir unos compromisos que implican responsabilidades adicionales, en unos tiempos distintos a los específicamente escolares, lo que se convierte en un reto que no todos están dispuestos a afrontar o tienen la posibilidad de asumir. Es por ello, que no todos los maestros tienen la intención de trabajar en equipo, en particular, en escenarios externos a la escuela, pues ello implica adoptar nuevas tareas, compromisos y dejar de lado otras obligaciones de orden personal y familiar.

Sin embargo, no todo encuentro entre maestros se puede tipificar como trabajo en equipo ya que en muchos espacios, generalmente institucionales y no institucionales, se reúnen compañeros de grado, ciclo o área para realizar trabajos administrativos, de la labor cotidiana como llenar formatos de evaluación, de solicitud de recursos, para formular proyectos institucionales, que responden a directrices establecidas en la política educativa.

A pesar que la escuela en ciertas ocasiones facilita las condiciones de encuentro y participación de los maestros, como por ejemplo, en las reuniones de área, de planeación curricular, en la organización de actividades extracurriculares y jornadas pedagógicas, estos escenarios muchas veces suelen ser contrarios a sus necesidades y deseos y poco productivos en términos de la formación y producción pedagógica. Es más, el grado de interacción es limitado y se lo confunde y legitima como trabajo en equipo, con ello, se resalta también que

> *[...] el simple hecho de que un profesor participe en un equipo de trabajo no asegura su convencimiento personal en cuanto a la conveniencia y la utilidad de este trabajo a realizar. Está claro que si el esfuerzo que requiere un trabajo es superior a las mejoras que se supone que proporcionará, se convierte en un trabajo poco gratificador,*

un proyecto que no ilusiona. De hecho, las fuentes de compensación a nivel personal por el esfuerzo realizado en un grupo de trabajo giran alrededor de la ganancia material, el orgullo de pertenecer al grupo, o las oportunidades que le brinda éste para progresar profesionalmente y crecer a nivel personal (Espot y Nubiola, 2006, p. 203).

El trabajo en equipo de los maestros se puede concebir como una forma de crear tejido social y de consolidar unas relaciones mediadas por la confianza, el compromiso, la reflexión y el estudio de los temas que afectan la educación y la escuela. De igual manera, el trabajo en equipo permite avanzar en la transformación de aquella concepción del maestro en la que se lo reconoce como un sujeto que instrumentaliza la pedagogía y depositario de las herramientas básicas para impartir la enseñanza y la producción de conocimientos considerados propios de la academia y de las áreas de conocimiento.

En este marco educativo o escolar cuando se habla en particular del trabajo en equipo, se hace referencia al conjunto de los maestros que se encuentran regularmente en unos tiempos y escenarios específicos, en la mayoría de las ocasiones por fuera de los espacios institucionales o escolares, motivados por la necesidad o el interés de reflexionar asuntos relacionados con la enseñanza y la escuela, como los aspectos pedagógicos, didácticos, metodológicos y epistemológicos, así como para debatir sobre las políticas educativas, manifestar sus inquietudes, expectativas, inconformidades, que de alguna manera buscan ser resueltos en este ambiente y que se manifiestan o expresan en una producción de saber traducido en la elaboración de textos, artículos y libros publicados tanto en revistas de diverso carácter como educativas, ponencias presentadas en diversos encuentros, formulación de proyectos, investigaciones, innovaciones, que redundan en apropiación y enriquecimiento del campo conceptual de la pedagogía, en la cualificación y profesionalización de los maestros y ante todo, en la consolidación de un equipo de trabajo pedagógico y en la constitución del maestro como un intelectual, como un sujeto político preocupado por el acontecer de la educación y la escuela, lo cual significa un sujeto maestro

[...] con capacidad de agenciar y construir saberes y sujetos autónomos, de superar la pasividad y la condición de espectadores y reproductores, de formular y desarrollar proyectos, prácticas y experiencias alternativas, constituyente de sus acciones y de sí mismo, con volun-

> *tad y arriesgo para intervenir en las decisiones sobre lo educativo y la política educativa en los ámbitos de su interacción inmediata: institución, contexto local, regional o nacional; también, de asumir como una necesidad imperante en sus acciones de enseñanza y de formación la de potenciar subjetividades políticas (Martínez, 2006, p. 244).*

Al reunirse los maestros en torno a la posibilidad de socializar y compartir sus proyectos, experiencias y actividades pedagógicas, se propician acciones de reflexión que desembocan en procesos de fortalecimiento, ajuste y sistematización de la experiencia misma, pero también, se impulsa "la creación de una identidad colectiva, que generalmente es contraria a las políticas y mandatos gubernamentales, escenario en el que se refleja la postura política del ejercicio pedagógico" (Fundación Universitaria Cafam, 2015, p. 15).

Lo anterior significa que el maestro que trabaja en equipo no solo acuerda colectivamente unas directrices de funcionamiento, sino que vivencia unas normas, principios, asume unos roles, responsabilidades y tareas en beneficio del colectivo, de igual forma adquiere unas cualidades particulares, tales como el deseo de transformación, la inquietud por cuestionar y proponer, una actitud de sospecha y crítica por aquello que sucede dentro y fuera de la escuela, lo que permite problematizar lo que se muestra como naturalizado en las instituciones educativas y por lo tanto, una disposición para trabajar con el otro.

2. Entre el discurso y la práctica

El trabajo en equipo de los maestros se relaciona con unos sentidos que orientan y motivan su accionar y que en gran medida determinan su operación, organización, funcionamiento y consolidación. Entre estos sentidos se destacan aquellos de carácter *cognitivo, colectivo, práctico y ético.*

El sentido cognitivo se orienta hacia la búsqueda de nuevos territorios conceptuales y didácticos, a la apropiación del conocimiento pedagógico y la reflexión de las teorías del campo de la enseñanza, así como los saberes que se refieren a la escuela en particular, la educación, la pedagogía y sus didácticas, incursiones que le otorgan un carácter epistemológico a las prácticas pedagógicas y de enseñanza en el aula.

El sentido colectivo tiene una relación con la necesidad de encontrarse con los otros maestros para ser reconocidos como intelectuales, productores de saber, sujetos políticos y validadores de prácticas pedagógicas. En este espacio de encuentro colectivo se posibilitan las condiciones para que en conjunción impulsen la constitución de unas subjetividades-maestro con unos potenciales particulares, analíticos, reflexivos, comunicativos, dispuestos a trabajar en equipo, que reconocen al otro como distinto, como un sujeto que sabe dirimir los conflictos, establecer acuerdos, asumir roles y responsabilidades, compromisos y tareas y disponer del tiempo para estar en estos escenarios. Es una apuesta por la formación y autoformación, por constituir un espacio de crecimiento profesional y personal, que se legitima en cada uno de los encuentros, en tanto, visibiliza y comparte sus prácticas, reflexiona las de los otros maestros, apropia elementos epistemológicos y acoge aquellas que contribuyen en la transformación de su quehacer.

Según Santiago y otros (1999), el colectivo adopta la forma de una agrupación voluntaria de maestros que comparten afinidades y divergencias, pero que juntos negocian significados para conocer, explicar y proponer soluciones a las problemáticas que se encuentran en los grupos y en la escuela a partir de procesos de estudio investigativo.

Respecto al sentido ético, se parte de la aceptación y vivencia de los principios necesarios para el reconocimiento del otro, la participación, la colaboración, para lo cual es fundamental la formación y edificación de valores como la responsabilidad, el respeto por las opiniones y puntos de vista de los integrantes del grupo y el desarrollo y vivencia de capacidades como la autorregulación, gestión y toma de decisiones, todos ellos actuando en conjunción con el fin de reducir los niveles jerárquicos, de proyectar, consolidar el trabajo colegiado y mantener la formación continua de los maestros.

El sentido práctico se relaciona con la necesidad de intervenir y actuar a través de la formulación de propuestas sobre las situaciones escolares que lo requieran. En esta medida, el sentido práctico se refiere a las acciones que los maestros diseñan e implementan para mejorar los aprendizajes, la producción de conocimiento escolar y el mejoramiento de su quehacer pedagógico, que se materializan y traducen en proyectos de intervención, modo de investigaciones o innovaciones, que apuestan por intentar resolver las situaciones de inconformismo de los maestros. Cada uno de estos sentidos y fundamentos son acordados y asumidos por el colectivo de maestros a fin de vivenciar una cultura del trabajo en equipo, colaborativo, marcado por el establecimiento de relaciones horizontales y de confianza, que se particularizan dependiendo de las intenciones, de los integrantes y de las estructuraciones que adopte el trabajo colectivo de los maestros.

Ilustración 2.
Sentidos del trabajo en equipo de los maestros

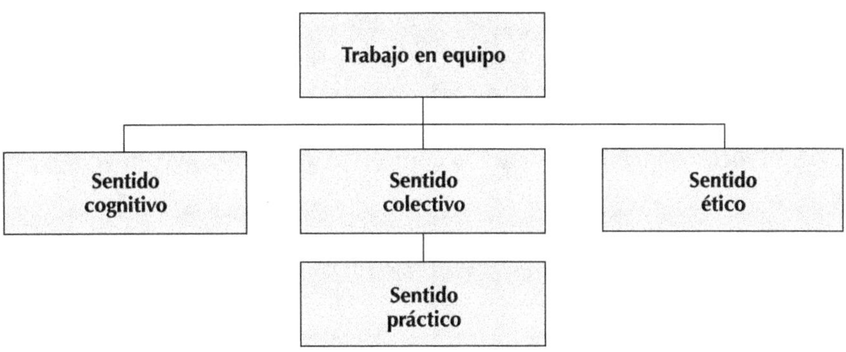

El trabajo en equipo significa un encuentro intencionado de maestros cuyo objetivo se dirige a colaborar con otros respecto a una tarea, proyecto, problema a intervenir o necesidad de reconstruir o transformar alguna práctica pedagógica, a reconocer las singularidades, a compartir experiencias, actitudes e iniciativas, a aprender de otros maestros y a reflexionar sobre el acontecer de la escuela, orientados por unos deseos, tendencias, inquietudes, intereses, necesidades, expectativas y por qué no, unos inconformismos comunes, para lo cual se requiere cooperar, comunicar, asumir unos roles, compromisos, tiempos y responsabilidades con base en unos potenciales personales, que en gran medida, derivarán en la producción de un saber pedagógico o didáctico, en la reflexión del acontecer escolar, la transformación y enriquecimiento de las prácticas pedagógicas, la cualificación y la profesionalización de los maestros integrantes.

Trabajar conjuntamente implica la presencia de confrontaciones, conflictos y tensiones propias de las relaciones entre los maestros, que manejadas apropiadamente son una oportunidad para aprender del otro, de reconocerlo como un sujeto distinto con el que se puede producir saber, de concebir el mundo en otra perspectiva, pues la intención del trabajo en equipo no se puede limitar al establecimiento de acuerdos para construir conocimiento sino al reconocimiento de la diferencia como una condición para crear otros mundos y posibilidades de hacer pedagogía.

Al respecto, Gil y otros (2008) proponen que para que se suscite el trabajo en equipo entre maestros es necesario considerar una serie de procesos cognitivos, afectivos, emocionales y de gestión colectiva, que se dan en un sistema abierto, que se relacionan con los sujetos que interactúan en el trabajo y que emergen a partir de unas condiciones particulares y unas relaciones que se materializan para el alcance de unos objetivos o resultados propuestos.

Ilustración 3.
Procesos manifiestos para la conformación del trabajo en equipo

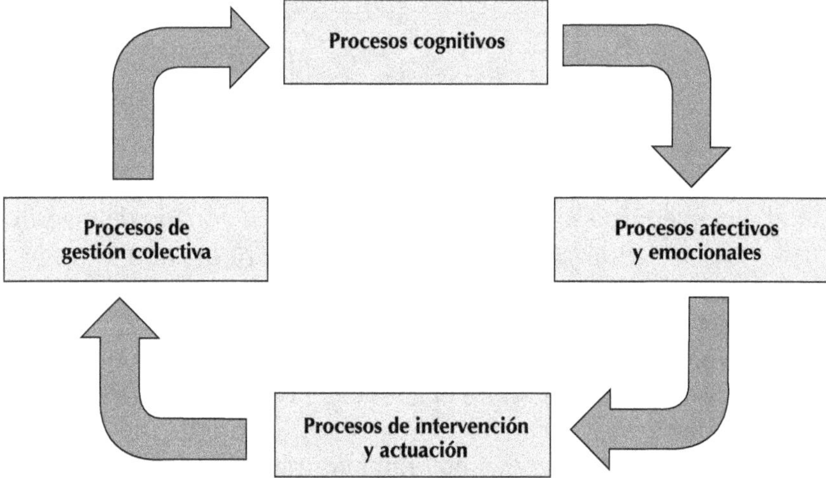

Adicional a los procesos que proponen estos autores, se encuentran los procesos de intervención y actuación referidos a las actitudes y las formas de proceder a las que recurren los maestros para afrontar las dinámicas internas del trabajo colegiado, pero además, los contactos que establecen los maestros con otras asociaciones, redes y colectivos pedagógicos para convenir acuerdos, compartir información, experiencias, apreciaciones sobre el campo de la pedagogía y crear alianzas en las que se compartan investigaciones, innovaciones o exploraciones que redunden en una comprensión más compleja y diversa del acontecer escolar y educativo. Dichos procesos se describen a continuación.

Los procesos cognitivos (sentido cognitivo)

Hacen referencia a los modelos, habilidades, capacidades y representaciones mentales de los maestros que aparecen cuando se trabaja en equipo, los cuales son compartidos y desarrollados en los encuentros e incluyen las diferentes habilidades de pensamiento necesarias para abordar las dinámicas, las situaciones, los intereses y las acciones que afloren del trabajo colectivo.

Entre esos procesos intelectuales, acudiendo a la taxonomía de Bloom (1956), se destacan los de *conocimiento,* relacionados con la capacidad de los maestros para recoger información, con el dominio del campo pedagógico y el conocimiento de lo que acontece en la escuela, cada uno de los cuales contribuyen para analizar algún fenómeno o campo de estudio de interés del trabajo colegiado y para formular acciones de intervención escolar.

Los procesos de *comprensión* se refieren a la habilidad de los maestros para entender lo que ocurre en la escuela y en el campo conceptual de la pedagogía, es decir, a la capacidad para trasladar el conocimiento pedagógico que se posee a otros escenarios para contrastar y establecer relaciones que allí se suscitan, a fin de inferir las causas y efectos de aquellos fenómenos que afectan dichos contextos y que requieren de la mediación de los maestros.

Además de estos de procesos, aparecen los de *análisis* asociados a las capacidades de los maestros para encontrar las recurrencias y regularidades en las situaciones o prácticas pedagógicas estudiadas, su propósito es el de reconocer los componentes que influyen en los objetos de análisis planteados y con ello, formular alternativas y conjeturas que los expliquen.

Así mismo aparecen los procesos de *síntesis,* referidos a la capacidad de los maestros para diseñar alternativas de intervención escolar con base en los análisis efectuados y en las conclusiones planteadas colectivamente. Por último, los procesos de *evaluación* que se relacionan con las posibilidades de los maestros para legitimar y verificar los resultados alcanzados por las alternativas planteadas, es una oportunidad de mejoramiento que ajusta lo que se define y posibilita rutas distintas de trabajo, de intervención y de exploración pedagógica.

Ilustración 4.
Procesos cognitivos manifiestos en el trabajo en equipo

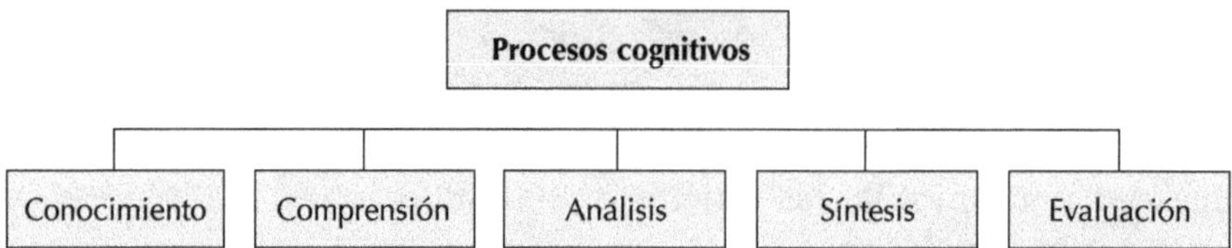

Es necesario precisar que los maestros que integren el trabajo en equipo no necesariamente han de poseer estas capacidades y habilidades intelectuales para trabajar con los otros, sino que en el trabajo en equipo es factible su desarrollo y potencia, ya que es un escenario en el que convergen las condiciones para suscitar este proceso.

Por tanto, el trabajo en equipo de los maestros requiere de unas condiciones y disposiciones cognitivas para afrontar las tareas, relaciones, dinámicas y compromisos, pero también potencia esas condiciones requeridas para afrontar los retos y responsabilidades que emergen, las enriquece, las reconfigura y las coloca al servicio del trabajo colegiado.

Es fundamental comprender que el trabajo colegiado, como una manera de trabajar en equipo, implica una relación entre personas que se encuentran para adelantar acciones coordinadas y colaborativas, teniendo a la base un asunto u objetivo común, que se caracteriza "[...] por la confianza, la apertura a los demás, la preocupación por el otro, y la cooperación. La colegialidad se fundamenta en la confianza en los demás y en los beneficios para todos" (Durand y Pujadas, 2002. Citado por Espot y Nubiola, 2006, p. 204).

El trabajo colegiado, además, se relaciona con la exposición de las habilidades intelectuales en cada uno de los encuentros, con el sentido cognitivo, es decir, con aquellas motivaciones de orden epistemológico que impulsan a los maestros a trabajar en equipo, pues en el accionar de los equipos de trabajo, en el intercambio de pensamientos y concepciones, en la constitución del trabajo se materializan para expresar las formas de conocer y comprender la educación, a la escuela, pero también para destacar el reconocimiento de las habilidades individuales de cada participante, la apropiación conceptual y la compenetración con los fenómenos abordados de cada uno de los maestros que interactúan.

En resumen, es importante destacar que en las interacciones que se suscitan en el trabajo en equipo los maestros desarrollan y mejoran estos procesos intelectuales, ya que se disponen cognitivamente no solamente para afrontar los retos y tareas que emergen en el trabajo, sino que en la medida en que se involucran en las discusiones y exploraciones transforman sus concepciones, modelos, enriquecen y modifican sus estructuras mentales.

Los procesos afectivos y emocionales (sentido colectivo)

Estos procesos se relacionan con aquellas motivaciones, disposiciones, sentimientos y emociones de los integrantes del equipo, los cuales emergen en las interacciones, debates y deliberaciones que se suscitan en los encuentros, que se colocan en juego y se combinan para crear un sentido colectivo, en el que existe corresponsabilidad e interdependencia para alcanzar unos fines comunes que influyen sobre sus actuaciones y resultados del trabajo.

El clima y las condiciones que se manifiestan en el trabajo en equipo, en términos de las emociones y afectos, es un elemento determinante en la producción de saber y de las acciones pedagógicas de intervención, en las relaciones que se establecen entre los maestros, en su bienestar, y, por supuesto, en el mantenimiento, consolidación y proyección del equipo.

Al respecto, González- Romá (2008, p. 35) señala que en los procesos grupales se desarrollan objetivos y una visión del equipo compartida, relaciones de cooperación que tienden hacia la reflexividad abierta y colectiva sobre los objetivos, las estrategias, el funcionamiento y el entorno del equipo, la participación en la toma de decisiones, el apoyo a la innovación y por último, la gestión del conflicto grupal.

En los procesos grupales también influyen los procesos motivacionales y afectivos, es decir, las motivaciones, sentimientos y emociones de los maestros que interactúan en el trabajo en equipo, combinándose para crear un estado colectivo que influye sobre sus actuaciones y resultados, lo cual permite ver los componentes que afianzan la cohesión, la eficacia colectiva, la potencia, los procesos emocionales y las maneras de resolución pacífica del conflicto.

Los procesos emocionales en un equipo se desarrollan y manifiestan en cada encuentro colectivo, en las experiencias compartidas y en las relaciones que se establecen, pero además, en estos escenarios se expresan los estados de ánimo, las pasiones y los sentimientos comunes que influyen en las maneras como se realizan las acciones, las relaciones, la formulación de las propuestas, en general, todo aquello que sucede al interior del trabajo en equipo.

Los procesos de gestión colectiva (sentido ético)

Son aquellos aspectos relacionados con las formas de comunicación, cooperación y coordinación que se suscitan en cada uno de los encuentros al momento de trabajar en equipo, que se convierten en las estrategias que favorecen la eficacia en los procesos de trabajo en equipo, las cuales son acordadas y asumidas de forma responsable para darle un sentido ético de compromiso y respeto frente a los otros maestros, a sus tendencias e ideas, propuestas y planteamientos.

Durante el trabajo en equipo de los maestros emerge un conjunto de componentes axiológicos que contribuyen a la movilización del trabajo en equipo, que asociados al liderazgo, la evaluación, la retroalimentación y la participación (que además, se hacen necesarios para la autorregulación de un equipo de maestros), denotan el establecimiento de sinergias como ejes que consolidan las acciones de equipo, las interrelaciones y la innovación. Sin embargo, es importante señalar:

> *Los equipos no desarrollan sinergia por el solo hecho de pedirle a sus miembros que cooperen en un proyecto o actividad específica, o porque todos sean "profesionales". Para que el equipo se desenvuelva como una máquina de alto rendimiento, sus miembros deben ser capaces de dejar a un lado sus agendas personales y dirigir su energía a lograr el éxito del equipo (Ehrlich, 2002, p. 28).*

Los procesos de intervención y actuación (sentido práctico)

Estos procesos se relacionan con los comportamientos, las actitudes, lo gestos y las formas que se involucran en cada una de las reuniones en las que los maestros se agrupan para reflexionar algún aspecto de interés común. Pero también corresponden a los modos como proceden para intervenir aquellas situaciones factibles de ser transformadas o analizadas propias del contexto escolar. Dichos procesos se refieren, a las maneras de participación y actuación intencionadas que los maestros involucran sobre unos sujetos, realidades o propósitos, en una actitud propositiva, no solo en las discusiones y reflexiones, sino en la búsqueda de información, en la formulación de propuestas y en la proposición de acciones de intervención en la escuela, como también, los modos como los maestros establecen relaciones con otras colectividades pedagógicas a fin de crear alianzas o convenios que signifiquen nuevas rutas y exploraciones de orden investigativo, epistemológico o de innovación en la escuela.

Respecto a la innovación en la escuela, Martínez y Unda (1998), señalan que la innovación se puede comprender y valorar de modos distintos. De un lado, aparecen las innovaciones formales o adocenadas orientadas al mejoramiento de los procesos relacionados con el campo de la didáctica, cuya intención se enfoca a organizar y regular mejor el quehacer del maestro, "conectando su acción al incremento de la eficacia y la eficiencia del proceso" (p. 9). De otro, se encuentran las innovaciones asumidas como crítica que aparecen como dispositivos de resistencia

> *[...] del maestro al manejo, programación y diseño desde el modelo curricular, con lo cual intenta desacomodarse de las definiciones que circunscriben su práctica a un proceso de planeación realizado por otros. Con ello, intenta distanciarse de la rutina y romper esquematizaciones que atan su trabajo a normas diseñadas previamente (p. 9).*

Entre estas formas de innovación se encuentran aquellas que no son efecto de la reacción o la resistencia sino que se sitúan en el terreno de lo propositivo y se asumen como novedades y creaciones vinculadas a las maneras como se orienta en el aula la enseñanza, que se denominan de resistencia

> *[...] no porque sean reactivas sino porque se resisten a ser gestionadas por otros. En ellas el maestro se propone pensarse desde sí mismo más allá de las formas como se le denomina o se le ubica, ya desde el Estado o desde la escuela. Son las innovaciones que expresan grupos de maestros que ponen en juego sus apuestas éticas y políticas, sus deseos e intereses (p. 9).*

De este modo, los procesos de intervención y actuación de los maestros se materializan no solo en las producciones y documentos que elaboren en cada una de las reuniones sino en las propuestas de innovación que se formulen para influir sobre las problemáticas que afectan a la escuela.

3. Un asunto de bordes y fronteras

Reconocer el trabajo en equipo de los maestros como un asunto de bordes y fronteras significa de una parte destacar que en algún momento de la historia de la escuela, el trabajo en equipo de los maestros aparecía como una eventualidad en su acontecer, condición que paulatinamente se ha venido transformando, y de otra, mostrar que en múltiples acciones, ante la soledad del maestro, muchos de sus trabajos, innovaciones, prácticas pedagógicas alternativas o propuestas de transformación escolar se quedan instaladas en los bordes y fronteras de la escuela. O en ocasiones porque no son reconocidas por los académicos, investigadores y demás maestros como significativas o acordes a unos marcos establecidos por instituciones externas a las dinámicas de la escuela misma, o porque no son socializadas por el temor a ser juzgadas, invisibilizadas o abordadas con el único fin de censurarlas y obstaculizar su instalación y proyección.

Favorecer el encuentro de los maestros para trabajar en equipo no solo es una posibilidad para develar prácticas y discursos, emergiendo como una alternativa para enfrentar a la individualidad y el aislamiento del trabajo pedagógico, también es un acontecimiento que contribuye a desterritorializar de los bordes de la escuela esta forma de trabajo floreciente, que en muchos momentos solamente estuvo activado en sus fronteras, en los lugares no institucionalizados, en los terrenos desconocidos del acontecer escolar, permaneciendo en el olvido o como un asunto eventual de la cotidianidad de la escuela y del quehacer del maestro. Esto implica transformar el estatus otorgado al trabajo en equipo de los maestros en la escuela y fuera de ella, para ubicarlo en un escenario distinto y permitir nuevos escenarios de trabajo pedagógico en los que sea factible reconocer experiencias y prácticas pedagógicas que hayan impactado a la escuela.

Entre lo convencional y lo posible

Existen en el contexto escolar ciertos lugares invisibilizados por la rutina, por las directrices políticas, así como, por las normatividades establecidas, los cuales se convierten en posibilidades de encuentro de los maestros para resistirse, criticar y formular alternativas frente a lo instituido. Como una pugna frente a lo convencional, muchos maestros ven en el trabajo en equipo una oportunidad para dilucidar inconformismos, construir apuestas en común y rutas de trabajo para enfrentar esas maneras de ser maestro, de enseñar y de hacer escuela que se formulan externamente.

Del mismo modo, existen formas usuales y tradicionales de asumir las acciones pedagógicas, las prácticas de enseñanza, los saberes escolares, el aprendizaje, el sujeto, el conocimiento y la disciplina, las cuales se han mantenido y persistiendo sin sufrir ningún ajuste o reflexión por parte de los maestros. Cuando esto permanece y se aferra no solamente en las dinámicas escolares, sino en las estructuras mentales de los maestros, asumiéndose como axiomas, difícilmente se permite el planteamiento de propuestas pedagógicas que trasciendan y con ello, espacios de encuentro, discusión y diálogo académico que se encaminen a la búsqueda de generar elementos de transformación, entre ellos la posibilidad de trabajar en equipo con los demás maestros.

Entre la institucionalidad y lo emergente

Los maestros hacen parte de una estructura escolar rígida, en ocasiones vertical y jerarquizada, cargada de reglas y parámetros preestablecidos, de reducidos espacios para el encuentro pedagógico, pues se considera que el trabajo de los maestros se limita a todo aquello que se hace en el aula con las niñas, niños y adolescentes, en términos de la enseñanza, que han sido planeados sin tener en cuenta las peculiaridades de las comunidades y por supuestos, los requerimientos de los maestros, lo que evidencia su direccionalidad a partir de unas políticas educativas preestablecidas alejadas en cierta medida de las necesidades y expectativas pedagógicas, entre ellas, la necesidad de trabajar en equipo para resolver las situaciones que afectan a la escuela y al maestro mismo.

Esto lleva a cuestionar el papel de las políticas educativas en relación con la apertura de espacios de interacción de los maestros, como condición de desarrollo de sus potenciales, de cualificación, de transformación educativa y pedagógica, como uno de los caminos para iniciar procesos de resignificación de la escuela, del maestro y del cómo hacer para responder a las exigencias educativas que demanda la sociedad.

Las condiciones institucionales, sus dinámicas, tiempos y rutinas muchas veces se convierten en obstáculos que limitan las posibilidades de encuentro voluntario de los maestros para reflexionar y el trabajo colegiado se reduce al cumplimiento de las funciones en el aula, a los requerimientos administrativos, a las adecuaciones e inclusiones de contenidos de enseñanza en los planes de estudio, diseño de guías, movilización de proyectos institucionales, entre otros asuntos. Espot y Nubiola (2006) reconocen que:

> *Trabajar en equipo de forma satisfactoria requiere conocer en qué consiste y qué comporta ese modo de trabajar, es decir, reclama una formación específica al respecto. Hay que decir que esta formación de ordinario no se imparte en las distintas organizaciones, ni está presente en los planes de formación del profesorado. Sin embargo, se dice —incluso a veces se exige— que hay que trabajar en equipo, pero no se dice cómo se hace esto. Se da por supuesto que todos conocen debidamente este modo de trabajar. La realidad es que la mayor parte de las personas que utilizan esta técnica de trabajo lo hacen sin haber recibido formación alguna sobre ella. Está claro que el sentido común y la buena voluntad no son suficientes para desempeñar bien un trabajo que requiere un modo particular de proceder. Para ello hace falta, además, una preparación previa que proporcione el saber y la competencia necesarios para su buena realización. Esta formación debe contemplar inicialmente aspectos básicos del trabajo en equipo como son la relación de afecto y confianza entre los miembros del equipo, la importancia del trabajo individual de cada uno de los miembros del grupo, y el asumir con responsabilidad la marcha del equipo en su totalidad y no sólo el trabajo individual realizado como miembro del equipo. En una segunda etapa la formación debe detenerse en aspectos más concretos como son la comunicación, el diálogo, la participación y la escucha mutua propios de un equipo de trabajo, el planteamiento de los objetivos, el papel del líder, la asistencia a las reuniones y su desarrollo (p. 206).*

Entre supuestos y realidades

El maestro inquieto, que se resiste dentro de su realidad, interesado por la reflexión y transformación pedagógica y preocupado por encontrarse con otros para plantear salidas, busca alternativas a esas prácticas tradicionales y persistencias de la escuela. Una institución cargada de ritos y rutinas inamovibles, que trascienden y permanecen en el tiempo con el único propósito de formar en la academia a unos seres humanos, de amoldarlos a los requerimientos sociales y dotarlos de las capacidades básicas de desenvolvimiento social, influyendo en las prácticas y procesos que se desarrollan al interior de ella y pretendiendo mantenerla alejada de los cambios culturales y sociales, colocando en evidencia las resistencias escolares que los tiempos mantienen, en contradicción con las realidades de los estudiantes, que son muy diferentes a lo que acontece en la escuela, que lo único que ofrece es un imaginario en el cual el estudiante sujeto social no existe, ya que la realidad que tiene que afrontar es diferente al medio en el que fue educado. Las niñas, niños, los jóvenes y sus necesidades han cambiado, por lo cual los maestros han de afrontar y asumir otros roles que les permitan conocer y ofrecer maneras diversas de aprendizaje y brindar posibilidades y oportunidades de crear mundos y participar en la transformación de su sociedad.

Entre la individualidad del sujeto y formación del sujeto colectivo

Uno de los beneficios del trabajo en equipo de los maestros es la posibilidad de dar apertura a espacios para su reconocimiento como sujetos de saber, intelectuales y agentes políticos, capaces de actuar con voluntad sobre la realidad escolar a través de acciones concretas y asumir actitudes de resistencia y proposición, preocupado por el devenir de la escuela y la transformación de su estatus pasivo frente a la producción de conocimiento pedagógico.

Comprender esta imagen del maestro significa un proceso de reconstitución que lo ubica como un sujeto autónomo, que se encuentra con otros para formular alternativas que impacten las decisiones y políticas que afectan a la escuela, pero además, abandonar la condición de un maestro que se reconoce como individuo en la soledad y el aislamiento de su labor diaria, para asumirse como un sujeto colectivo que requiere de los otros maestros para edificarse y constituirse, para definir, enriquecer y reconfigurar sus prácticas pedagógicas, lo que redunda en la comprensión del trabajo en equipo como una condición de transfiguración del estatus del maestro y de la adopción de nuevos sentidos y significados para la escuela y el maestro mismo.

Aunque los maestros tienen múltiples y variados intereses y que ciertas problemáticas e imaginarios los afectan, ya que no es gratuito el hecho de ser formados en un sistema educativo y escolar en donde el logro individual, la competencia y la negación del otro para sobresalir y ser reconocido es lo que prima sobre el interés común, de los otros y de la exigencia de trabajar colectivamente para resolver los asuntos que aquejan a la escuela.

Hoy se instala la necesidad de trabajar con el otro como condición del éxito de la organización escolar, sin embargo, ello no es una tarea fácil para el maestro, pues el trabajar en pares, el abrir las puertas de sus espacios académicos y personales para colocarlos en evidencia, exige un compromiso y un cambio de actitud, ya que en ocasiones y sin intención, se presentan diferencias o conflictos que afectan a los integrantes y es en esos momentos donde la capacidad de negociación, automediación y autorregulación[1] de los maestros entran en acción para intentar resolver las tensiones que se presenten.

El esfuerzo colaborativo y el trabajo colegiado de los maestros hoy es un requerimiento y condición inherente al quehacer pedagógico, que trasciende el esfuerzo individual o competitivo para ubicarse en otro lugar, en el que se requieren habilidades sociales para trabajar con los otros. En esta perspectiva, es importante destacar que:

> *[...] un comportamiento colegial exige que todos los integrantes del grupo aporten sus puntos de vista, después de un estudio personal —previo a las reuniones— de los temas a tratar y a decidir. En la toma de decisiones no caben las negociaciones o alianzas, sino los mecanismos participativos que promuevan el bien común, coordinando la acción de todos y cada uno. Todos toman parte en el análisis, la deliberación y la toma de decisiones. La colegialidad proporciona en la toma de decisiones mayor seguridad pues hace más difícil equivocarse, y a su vez suscita serenidad pues fomenta la unidad y la responsabilidad (Espot y Nubiola, 2006, p. 204).*

Los cambios vertiginosos a los que se enfrentan en la actualidad los maestros los obligan a buscar nuevos escenarios de encuentro que vayan más allá de las fronteras y los bordes de la escuela, en los que se susciten actividades y acciones que redunden en su reconocimiento, actualización constante y cualificación, no sólo en el saber específico en el que está formado cada maestro, cargado de

---

1. La autoorganización es un proceso interno en el cual un colectivo crea sus propios determinantes y propias finalidades, que dependiendo de los factores donde interactúa se organiza en función de las exigencias e intereses. En este sentido, las autoorganizaciones, en el marco de los Ambientes de Aprendizaje en el Aula, pueden ser constituidas según los criterios de los estudiantes o del mismo maestro, en donde la actividad, tarea, temática o asunto que se aborde reviste una gran importancia en la medida en que intentan cohesionar alrededor de la generación de intereses que contribuyan en la conformación de nuevas autoorganizaciones o en la consolidación de las ya existentes.

especialidad y en técnicas didácticas, sino en la manera de interactuar efectivamente con los colegas, para beneficiarse en conjunto y lograr los propósitos finales y comunes del trabajo colaborativo, en otras palabras, aprender juntos para crecer en la interacción, en la deliberación y en la proposición de alternativas de intervención en la escuela.

El maestro que trabaja en equipo no solo acuerda colectivamente unas directrices de funcionamiento al interior del encuentro de singularidades, vivencia unas normas y principios, así como unos roles, responsabilidades y tareas en beneficio del colectivo. Pero además, el maestro ha de poseer unas cualidades particulares, como por ejemplo, el deseo de transformación, la inquietud por cuestionar y proponer, una actitud de sospecha y crítica por aquello que sucede dentro y fuera de la escuela, lo que permite problematizar aquello que se muestra como naturalizado en las instituciones educativas, con ello, una disposición para trabajar con el otro.

Capítulo II
Las razones del trabajo en equipo

Al trabajar en equipo una de las condiciones que se genera es la apertura de un espacio de encuentro de singularidades, de despliegue de potencial humano y de comunicación entre los maestros, donde a través de las reflexiones, de las acciones pedagógicas realizadas y de las producciones asociadas se logran transformaciones profesionales que los cualifican tanto en su práctica educativa, como en su procesos de formación académica que impactan los modos de comprensión de la realidad escolar.

Esta participación en escenarios formativos, no siempre son preestablecidos, formales o institucionalizados por la academia o por la misma escuela, contribuye en el mejoramiento del ejercicio del docente, quien comprende que esta forma de trabajo y la figura de la formación y consolidación de colectivos es una posibilidad para realizar procesos de investigación o de innovación pedagógica en la escuela. A continuación se describen algunos aspectos relacionados con las razones que impulsan a los maestros a encontrarse con otros para deliberar sobre los asuntos comunes referidos a la educación, la escuela y la pedagogía.

1. La posibilidad más allá de la insularidad

Uno de los asuntos que se persigue con la promoción del trabajo en equipo entre los maestros es "romper con la insularidad de sus prácticas", con la atomización y subordinación de la pedagogía, pero además, con la concepción de sujeto-maestro como reproductor e instrumentalista del conocimiento escolar que han enmarcado las prácticas pedagógicas en la escuela, fomentado el trabajo individual como una de las acciones para enfrentar las tareas, los retos y las obligaciones que en ella se plantean.

En muy pocas ocasiones se planifican actividades mediadas por la colaboración, el apoyo o la ayuda entre los maestros ni se tiende a transcender esta concepción aislada de la enseñanza, de las prácticas educativas y los procesos de formación pedagógica pues es la que legitima el accionar en la escuela. En consecuencia, una de las formas de ser de la labor docente, que se validó durante mucho tiempo, fue precisamente las acciones insulares de los maestros, a través de las cuales se legitimaron maneras de proceder en el aula, la introducción de saberes, el establecimiento de relaciones interpersonales, maneras de innovar e investigar y de evaluar lo que sucedía en el aula y la escuela.

Con la incursión de las ideas del Movimiento Pedagógico Nacional y de la Expedición Pedagógica en los años 90 se contribuyó al fortalecimiento de la cualificación pedagógica y el reconocimiento de la importancia del trabajo en equipo, la necesidad de trascender la insularidad y balcanización de los maestros, la urgencia de ir más allá del estatus otorgado al maestro como simple ejecutor de las didácticas y teorías producidas por expertos académicos. A los maestros se los confinaba "[...] al papel de consumidores de contenidos construidos por expertos investigadores y se señalaban como objetos de estudio de la pedagogía a problemas que no correspondían a la realidad de las prácticas que afrontaban los maestros en las escuelas" (Fundación Universitaria Cafam, 2015, p. 13).

En estos escenarios se consideró fundamental la trasformación del trabajo pedagógico insular y ubicarlo en el trabajo colegiado que facilita el encuentro de los maestros para discutir sobre políticas educativas, para leer y estudiar documentos sobre pedagogía, epistemología y aspectos disciplinares, en un espacio donde se intercambian experiencias, conceptualizaciones, paradigmas y vivencias, adelantan talleres, se dialoga sobre la educación y de la posibilidad de elaborar proyectos de investigación colectivos que expongan formas distintas de producir pedagogía, de ser maestro y hacer escuela.

Estas instancias resaltaron el lugar de los maestros como productores de saber en las fronteras de la escuela, en los terrenos invisibilizados por las políticas educativas y abandonados por las comunidades académicas, que sin desconocer el valor del conocimiento pedagógico producido externamente le apostaron por pensar de otro modo el acontecer escolar.

En la medida en que los maestros se encuentren para intercambiar experiencias y saberes y participar en los debates sobre el acontecer escolar es factible constituir un colectivo pedagógico, reflexionar las prácticas educativas y construir nuevas maneras de percibir lo que sucede en el aula, con el maestro y en general, con lo que ocurre en la escuela, así como adelantar acciones conjuntas para formular propuestas de intervención y transformación.

De este modo los maestros empiezan a romper ciertos esquemas instaurados y estructuras arraigadas, tanto personales como culturales o escolares, y se permite el contacto entre ellos, a través de dinámicas que se convierten en espacios de interacción, en las que es posible el intercambio de relatos de anécdotas, proyectos, experiencias y saberes de todo orden, desde lo cotidiano hasta lo didáctico y disciplinar y el de participar en discusiones sobre el acontecer escolar, les permite reflexionar sobre sus propias las prácticas pedagógicas, la enseñanza y empezar a percibir nuevas maneras de observar lo que sucede en el aula, al maestro y en general lo que sucede en la escuela, más allá de la insularidad de su práctica para empezar a divisar la escuela como un sistema complejo de múltiples realidades y tensiones, muchas veces imperceptible a partir de una sola mirada.

Con el trabajo en equipo no solo se trasciende la insularidad y la soledad del maestro sino que se aporta en el camino de introducir e instalar las formas de trabajo colegiado como requisito de transformación escolar, pero además, desplaza el imaginario establecido sobre los maestros según el cual la formación y cualificación es un asunto externo a sus actuaciones pedagógicas, asociado a los programas de capacitación y a los cursos de actualización pedagógica, limitando la posibilidad de reconocer en la agrupación de pares, un estado para lograr este propósito.

Ilustración 5.
De la Insularidad al trabajo en colectivo

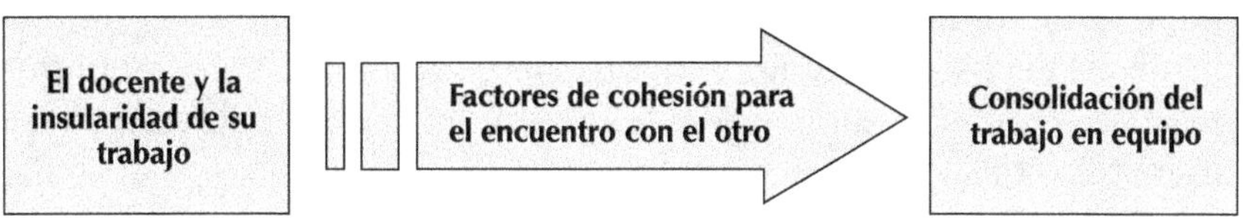

Nuevas condiciones, nuevos retos

Existe una tradición arraigada entre los maestros de trabajar de modo aislado, que da respuesta inmediata a las situaciones que el acontecer escolar les plantea y que requieren de su intervención para evitar que "se les salgan de las manos". Este trabajo individual obedece a una manera particular de operar de la escuela, y especialmente sus aulas de clase, en el que los maestros se movilizan en las aulas con base en su formación profesional propia de la educación universitaria, en la experiencia pedagógica forjada en el tiempo de permanencia en las instituciones educativas, en sus concepciones personales sobre lo que se considera la educación y la pedagogía.

Hoy la escuela y por supuesto el maestro, se transfiguran y se enfrentan a nuevos retos y desafíos, que en gran medida los impulsa a cambiar el modo de actuación frente al quehacer pedagógico, a las relaciones con los otros maestros, a la escuela, la pedagogía y la educación. Este nuevo modo de actuación, que en algún momento hizo parte de las fronteras de la escuela, se traduce en el reconocimiento de la necesidad de trabajar con el otro para enfrentar los asuntos que mantienen inmovilizada a la escuela, en síntesis, es una apuesta por introducir formas de trabajo colegiado en ella para facilitar en cierta medida, la concreción de propuestas que contribuyan en su transformación.

En el marco de las actuales políticas educativas instaladas tanto en el ámbito internacional como en el nacional no solo se resalta el valor del trabajo en equipo de los maestros en la forma de grupos, colectivos, equipos o redes para afrontar las exigencias educativas contemporáneas sino que se reconoce la necesidad de la formación de los maestros con unas capacidades particulares para trabajar colegiadamente. No obstante, para lograr este estado, es fundamental enseñarles a trabajar en equipo, que en la escuela se generen las condiciones y puedan aunar esfuerzos para resolver los asuntos que los afectan, lo que implica un proceso de reconstitución subjetiva de los maestros, en quienes se desarrolla un conjunto de conocimientos, actitudes y habilidades (cognitivas, socio-afectivas y comunicativas) necesarias para desenvolverse en el trabajo colegiado, que están relacionadas entre sí y actúan conjuntamente para establecer un maestro distinto.

Por consiguiente, se asume que en las actuales condiciones el maestro se constituye de un modo distinto, con unas competencias para trabajar con el otro en razón de unos intereses, problemas y necesidades comunes, que benefician sus actuaciones en el aula, los aprendizajes de las niñas, niños y jóvenes, y por supuesto, el ejercicio de su práctica pedagógica.

Una de las prácticas instauradas durante mucho tiempo en la escuela fue el trabajo individual del maestro, que obedecía a una manera particular de funcionar la escuela. Sin embargo, por la convergencia de una multiplicidad de condiciones, hoy los maestros se transfiguran en su condición subjetiva y se enfrentan a nuevos retos y desafíos, que en gran medida los impulsa a cambiar el modo de actuación frente a la escuela, la pedagogía y la educación. Actualmente el trabajo solitario del maestro paulatinamente se ha venido desvaneciendo para constituirse la idea del trabajo en equipo como una condición de transformación del maestro, de la educación y de la escuela misma, desterrándola de las fronteras y los bordes escolares para institucionalizarla en las prácticas y discursos pedagógicos, favoreciendo la presencia de una diversidad de ideas que de alguna manera pueden derivar en la formulación de acciones de reflexiones y transposiciones educativas. Conforme con esto, "cuando el maestro camina más allá de su insularidad, surgen las formas organizativas como [...] la configuración de un destino propio como sujeto colectivo" (Expedición Pedagógica en Bogotá, 2003, p. 18).

Hoy los maestros se construyen y constituyen de un modo distinto en la cooperación colectiva, en el encuentro con el otro, (ya sea a partir de lo real, del encuentro presencial, corporal o virtual), en la mediación social y en el trabajo en equipo que le permite la formación de unas singularidades que interactúan alrededor de un asunto común que las convoca para afrontar las incertidumbres y retos de la contemporaneidad.

A pesar que el trabajo individual del maestro se instaló durante mucho tiempo en la escuela, no fue un obstáculo para reflexionar, innovar e investigar lo ocurrido en su interior y exterior. No obstante, la validación del saber producido por el maestro escasamente la realizaba un par académico, pues no se reconocía en el otro maestro la capacidad para legitimar lo creado en la individualidad, siendo prioritario el juicio emitido por las estructuras jerárquicas (comunidades académicas y universitarias o programas de formación docente).

En otros casos, las experiencias, proyectos, expectativas, intereses, inquietudes e inconformismos del maestro nunca atravesaron las fronteras del aula de clase, por no ser recurrentes los escenarios para que el maestro socializara su trabajo, pues no se lo consideraba un productor del saber, situación que fue cambiando cuando el maestro empezó a *problematizar* el oficio de ser maestro.

Los maestros dejan de operar como agentes y sujetos productores del conocimiento en el aislamiento para asumirse como subjetividades colectivas que reconocen la importancia del encuentro con el otro para producir y legitimar ese saber producido en el solipsismo. De este modo, incursionan prácticas y actuaciones distintas, que influyen sobre su quehacer pedagógico, manifestando otras formas de leer y comprender la escuela, la pedagogía y la educación misma.

Hacia la consecución de procesos de cohesión

El trabajo en equipo de los maestros es un encuentro que posibilita una multiplicidad de relaciones entre sujetos que son considerados singularidades dotadas de conocimiento y creadoras de mundos a partir de los cuales interpretan la escuela y la educación, para lo cual se requiere la existencia de algunos elementos que mantengan cohesionados a los maestros. Entre esos elementos de cohesión aparece la resistencia, una actitud asumida por los maestros cuando las normas, lineamientos o las políticas van en contravía de las concepciones del maestro, de las singularidades contextuales, de las prácticas educativas o de los intereses de las niñas, niños y jóvenes y se arriesgan a proponer acciones que por lo general entran en tensión con lo establecido.

Otro de los elementos en el trabajo en equipo es el interés común, que en ocasiones se traduce en el compartimiento de un campo de estudio en el que convergen los maestros, que los impulsa al debate, la lectura, la escritura y en esa dinámica potenciar alternativas de ser maestro, abierto a la discusión, al intercambio de conocimiento, a la resolución de los conflictos en la interacción y a la producción de saber pedagógico que redunde en la reflexión y transformación de la escuela, cada uno de los cuales estimula la cohesión y la confianza en la medida en que se comparten intereses, la toma de decisiones y se adelantan exploraciones investigativas y de innovación conjuntas.

Las innovaciones adoptan múltiples formas entre ellas, "aquellas que circunscriben su acción a una asignatura, un área, un método o aspectos puntuales de la práctica del maestro" (Martínez y Unda, 1998, p. 10). Existen otras "cuyo ámbito de acción desborda los límites de las asignaturas, de las áreas, de las temporalidades y afectan relaciones institucionales que van más allá del aula" (p. 10). Pero más allá de estas distinciones, lo interesante es reconocer que el trabajo en equipo es un escenario de gestación de innovaciones en la escuela independiente de la intención o lugar de emergencia.

Por consiguiente, para que se suscite el trabajo en equipo y formulen innovaciones, se requiere de la participación constante y efectiva de los maestros, su compromiso con las tareas y responsabilidades, pero también, su deseo y voluntad por mantener unido el colectivo.En el ejercicio de los maestros existen ciertas tradiciones y costumbres que se enraízan y se tornan inmutables e inmodificables, las cuales en muchas ocasiones obstaculizan el encuentro con el otro, la cohesión, la consolidación y la posibilidad de trabajar en equipo, entre las que se destacan el poco interés o deseo de algunos maestros de reflexionar la escuela, de plantear acciones de transformación pedagógica, de investigación e innovación, que se asume como un estado de resistencia a los establecido; el escaso compromiso e interés para salirse de las rutinas institucionales, , lo que hace necesario reconocer el valor del trabajo colegiado, así como, el desarrollo de formas de interacción que posibiliten esta manera singular de trabajo y el entendimiento de sus ventajas, entre las que se destacan:

— Ser un escenario de intercambio, valoración y validación de las búsquedas y de la formulación soluciones de los maestros integrantes frente a los problemas que surjan.

— Un ámbito que posibilita las condiciones para que se construya la confianza entre los maestros y las acciones, tareas y compromisos asumidos. Así, comprender que los maestros pueden realizar ciertos trabajos demuestra el aprecio, afinidad y crecimiento que se logra en colectividad.

— Un ambiente en el que se contribuye en gran medida en la construcción de relaciones de cooperación, en especial, cuando se tiene una meta común y se trabaja en conjunto para su alcanzar esos objetivos colectivos establecidos.

— Un espacio para asumir el compromiso serio de trabajar con colegas, aceptando que no existen en la mayoría de casos reconocimientos económicos inmediatos, más que de crecimiento personal e intelectual.

— Un lugar propicio para reflexionar y redefinir la práctica pedagógica para extenderla más allá del aula, reconociéndola, y a través de ella reconociéndose y reconociendo al otro como un sujeto de saber con habilidades y destrezas necesarias para proponer acciones de mejoramiento escolar.

Ilustración 6.
Elementos para el desarrollo de la interacción

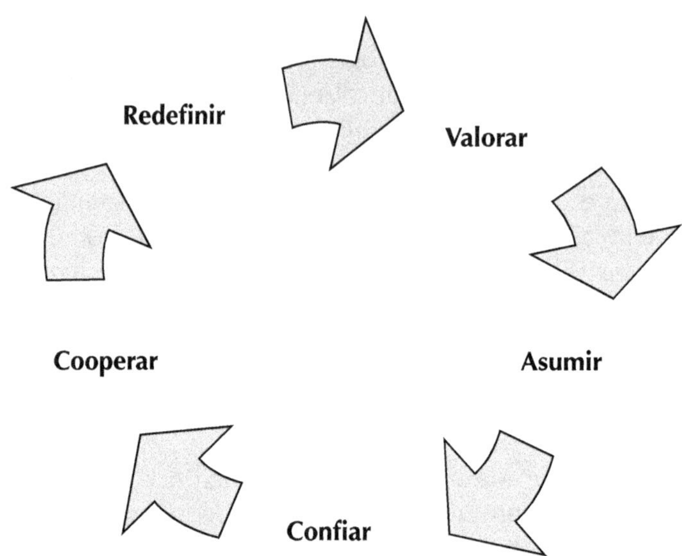

El trabajo en equipo de los maestros es considerado como un encuentro de singularidades dotadas de conocimiento y creadoras de mundos a partir de los cuales interpretan la educación y la escuela. Para que el trabajo en equipo se convierta en un estado permanente de encuentro de maestros es necesaria la existencia de una serie de elementos o formas de relación que los logren mantener cohesionados no solo alrededor del conjunto de maestros, sino también de las inquietudes, deseos, intereses y necesidades. Entre estas formas que permiten cohesionar el trabajo en equipo se encuentran:

Ilustración 7.
Formas que permiten la cohesión del trabajo en equipo

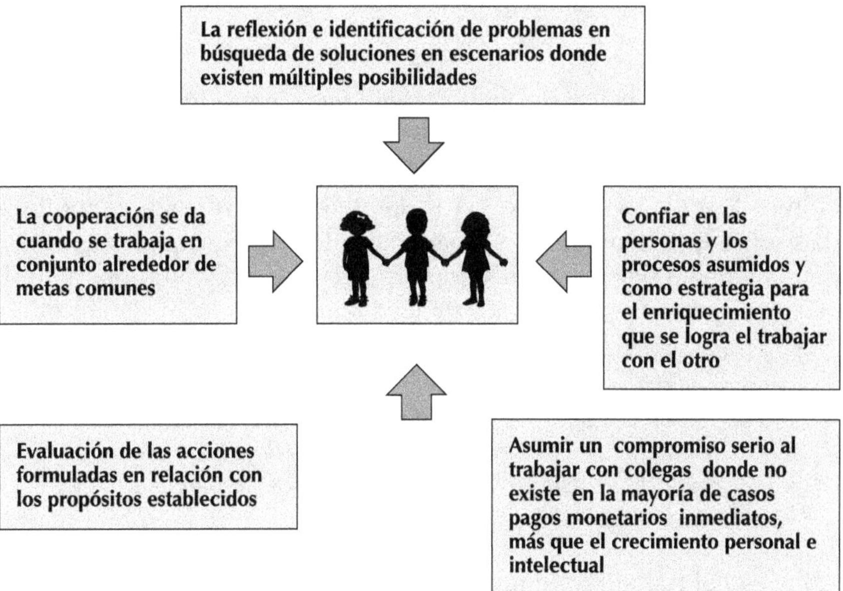

Al respecto, Fullan y Hargreaves (1997), citado por Walss y Valdés, señalan que al comprometerse con procesos de evaluación periódicos, el perfeccionamiento continuo y con el aprendizaje constante, el trabajo en equipo de los maestros adquiere un valor y reconocimiento distinto, ya que se evalúa aquello que se está haciendo, se ajusta y se toman decisiones de mejoramiento que redunden en la consolidación del trabajo colegiado y en la manera de intervenir lo pedagógico y escolar.

Otros de los factores que intervienen en la cohesión es la autonomía frente a la toma de decisiones colectivas o gestionar los procesos internos y la interdependencia de tarea, referida al grado en que los miembros de un trabajo en equipo dependen unos de otros e interactúan para lograr una meta común. Para desempeñar ciertas tareas, los procesos de coordinación tanto explícitos como implícitos resultan fundamentales, como también, la interdependencia de tarea y la confianza entre los miembros. Es de advertir que en muchas ocasiones el trabajo en equipo de los maestros se ve afectado debido a

[...] la escasez de confianza entre los miembros del equipo, la falta de un líder en el grupo, la ausencia de claridad en los objetivos, la inexistencia de una comunicación adecuada o de un diálogo ordenado en el que se escuche suficientemente y se respete el turno de palabra (Espot y Nubiola, 2006, p. 200).

La estrecha vinculación e interdependencia entre los maestros que participan del trabajo en equipo son elementos fundamentales para cohesionar un trabajo y un equipo pedagógico. La fuerza de atracción se logra estableciendo lazos de amistad, confianza y credibilidad sobre las capacidades y potenciales los maestros, pero además, con la tenencia de un interés común. Según Espot y Nubiola (2006),

[...] la cohesión de un equipo de trabajo va muy unida al sentido de responsabilidad de cada uno de los miembros del equipo. No se trata sólo de asumir la responsabilidad de las tareas propias, es decir, las tareas realizadas a nivel personal como miembro del equipo, sino que se trata sobre todo de asumir la responsabilidad de la marcha del grupo en su totalidad (p. 200).

A través del trabajo en equipo los maestros crean comunidades pedagógicas necesarias para que la escuela sea más dinámica, en la medida en que se articulan los conocimientos, aprendizajes, intencionalidades, valores, propuestas, estrategias y mecanismos adecuados hacia proyectos comunes que responden a necesidades reales. Esta movilización pedagógica de construcción colectiva requiere la implementación de saberes, aprendizajes y habilidades que se van adquiriendo y compartiendo en cada nueva experiencia y con el transcurrir de los proyectos, generando no solamente el desarrollo de innovaciones, experiencias y proyectos de investigación, sino nuevas y alternativas en el trabajo, así como formas opcionales de hacer pedagogía y dinamizar el equipo.

Una cuestión de movilización pedagógica

El trabajo en equipo de los maestros se considera un asunto de movilización pedagógica ya que en su interior se abordan y discuten las temáticas que no solo afectan al maestro y a sus prácticas educativas sino a las comunidades en las que está inmersa la escuela, que los invita a reflexionar y pensar a la escuela misma y todo aquello que la fundamenta. El trabajo en equipo se constituye en un escenario propicio para fortalecer la idea del maestro como intelectual y productor de saber pedagógico, que se cualifica en la medida en que se apropia de las formulaciones teóricas elaboradas en escenarios académicos y las coloca en clave de discusión y reflexión para producir sus propias conceptualizaciones que les permitan comprender la escuela, definir acciones de intervención y consolidar un colectivo pedagógico.

Comprender el trabajo en equipo de los maestros como una movilización pedagógica significa una construcción de sentidos y significados en relación con el campo conceptual de la pedagogía y el consiguiente enriquecimiento de las categorías que sustentan las prácticas pedagógicas.

La consolidación del trabajo en equipo

Distintas circunstancias sociales y personales se conjugan para que el trabajo en equipo se constituya en una alternativa para afrontar el quehacer pedagógico y favorecer procesos de consolidación de este modo de ser del trabajo entre los maestros. Al mismo tiempo, esta forma de trabajo se va convirtiendo en un estado antecedente para iniciar los procesos de creación y constitución de equipos de maestros.

A través del trabajo en equipo los maestros crean comunidades pedagógicas, en las que se consolida y valida esta forma de trabajo como una de las estrategias fundamentales y necesarias para que la escuela sea pensada de otro modo, para hacer de ella un acontecimiento más dinámico en la medida en que se articulan los conocimientos, aprendizajes, intencionalidades, valores, propuestas, estrategias y mecanismos de los maestros con la formulación de proyectos comunes que responden a necesidades reales tanto de los integrantes del colectivo como de la escuela misma. Para lograr ello, según Santiago y otros (1999) es fundamental:

> *Ser profesores identificados y comprometidos con la tarea de ser maestro [...]*
> *Coincidir en tratar de mejorar cada día [la] tarea profesional*
> *Como colectivo [...] [darse] más tiempo y [escucharse]*
> *Tener como plataforma de existencia la convivencia, el afecto que es básico para [la] consolidación y permanencia (p. 12).*

Cuando el trabajo en equipo se consolida en una asociación de maestros se estarían germinando las condiciones para hablar de un equipo de trabajo. Los equipos de trabajo adquieren una identidad peculiar, un nombre y adoptan unos campos de estudio particulares que los distinguen respecto a las demás colectividades pedagógicas. Así por ejemplo, se conforman equipos interesados en las formas de innovación en el aula, en el estudio de los ambientes de aprendizaje, en las formas de integrar la comunidad a la escuela, entre otros objetos de estudio. Uno de los motores que han impulsado el trabajo en equipo de los maestros han sido los cursos o programas de formación pedagógica ofrecidos por una institución de educación superior. En estos programas de actualización los maestros visibilizan sus inquietudes, intereses e inconformismos respecto al modo de ser maestros y de hacer escuela, socializando y legitimando sus producciones a través de la innovación y el uso de enfoques, métodos, técnicas e instrumentos investigativos que le otorgan un carácter riguroso al quehacer del maestro en la escuela. No obstante, es importante señalar que uno de los comportamientos que asumen los maestros asociado al trabajo en equipo es la temporalidad de su proceder, pues en ciertas ocasiones, tan pronto los maestros culminan los programas y cursos de formación y actualización, el trabajo colegiado, condición en estos escenarios educativos, se diluye entre las actividades escolares rutinarias e intereses de carácter personal y profesional, dejando de ser parte del accionar en la escuela.

Según Bugueño y Barros (2008), citando a Antúnez (1999), la conformación de un equipo de trabajo atraviesa una serie de etapas:

Ilustración 8.
Etapas para la conformación de un equipo de trabajo

— *Confirmación*: las personas se consideran parte de un grupo, pero no conocen bien la finalidad, estructura y liderazgo que los une y organiza.

— *Formación de subgrupos:* se tienden a formar subgrupos para reducir la inseguridad e incertidumbre. Durante esta etapa es muy relevante procurar que los subgrupos no perjudiquen la búsqueda de una misión común, sino que contribuyan al desarrollo de una comunidad con distintas miradas dialogantes y colaborativas.

— *Conflicto y confrontación:* etapa de gran riqueza y diversidad. Es común, como parte del desarrollo de un equipo, que emerjan conflictos. Ellos se abren cuando las personas se sienten más seguras, por lo que su expresión es la base del clima de relaciones interpersonales y permite establecer una forma de resolver los conflictos que sea favorable para el crecimiento, y perfeccionamiento del equipo.

— *Cohesión en la diferencia:* en equipos que han sabido resolver los conflictos de manera saludable, las relaciones se estrechan y se muestra cohesión. Junto con ello, quedan sentadas las bases sobre el modo deseable para enfrentar conflictos venideros y superar las tensiones.

— *Responsabilidad compartida:* corresponde a la etapa de consolidación del equipo. La energía se centra en la ejecución de la tarea común. Cada uno se hace cargo de sus tareas, pero asume responsabilidad por el éxito del conjunto (Ministerio de Educación (MINEDUC, 1998, citado por Bugueño y Barros (2008), p. 2).

Pero además de estas etapas, existen unas bases a considerar para que se constituyan equipos de trabajo colaborativo:

— *Comprensión y aceptación de la meta común:* los miembros de un equipo pueden comprometerse con un objetivo cuando éste es bien comprendido y aceptado. El compromiso con una meta común es la base para la construcción de cualquier comunidad de trabajo colaborativo. Ello es central para superar el modelo que concibe la labor docente como responsabilidad de cada profesor, como una práctica aislada, hacia un modelo que entiende la necesidad de colaboración para su efectividad.

— *Clima organizacional apropiado:* las personas deben sentirse libres para expresar sus sentimientos e ideas, y los miembros deben escucharse, atendiendo a todas las ideas. La capacidad de crítica es relevante para el desarrollo y crecimiento del equipo, pero ésta debe ser franca, constructiva y respetuosa, orientándose a superar obstáculos. La lealtad y confianza recíprocas son básicas para el trabajo colaborativo; pero dichas condiciones no surgen necesariamente de forma espontánea, deben construirse y trabajarse intencionadamente para asegurarlas. Se debe construir un acuerdo de compromiso frente al trabajo, de respeto, responsabilidad, participación activa, apoyo, entre otras. Junto con ello, es central para cuidar el clima, que el trabajo sea establecido en términos de colegialidad, entre iguales; sin predominio por parte de ninguno de los agentes, independiente de rasgos jerárquicos o situaciones administrativas.

— *Transmisión de información efectiva:* debe existir una buena comunicación entre los miembros del equipo. Se debe difundir información clara, oportuna y accesible, para que cada uno desarrolle su tarea y se sienta parte relevante y activa en el desarrollo y quehacer grupal.

— *Toma de decisiones por consenso:* se requiere de un nivel de discusión, donde todos participan en forman pertinente con la tarea, se tolera el desacuerdo y no se evita el conflicto, pero este se resuelve de forma pacífica. El trabajo colaborativo va más allá de la simple cooperación; supone el desarrollo de un trabajo y proyecto entendido como común (vs. uno entendido como apoyar a otro, sin tener responsabilidad real) (Antúnez 1999).

— *Liderazgo:* Incluye tanto la reacción del equipo frente al liderazgo como la capacidad del líder para legitimarse frente al equipo.

— *Atención a la forma de trabajo del equipo:* Preocupación por autoevaluación. El equipo se detiene a observar cómo lo está haciendo y que dificulta su accionar (MINEDUC, 1997).

— *Creación de condiciones básicas necesarias:* Para favorecer el trabajo colaborativo es necesario tomar medidas para reducir la rigidez en las estructuras y sistemas de trabajo escolar, que muchas veces dificultan el intercambio entre los docentes de diferentes unidades y niveles. Entre ellas, es necesario procurar el diseño de los tiempos requeridos como condición básica para el trabajo colaborativo (Antúnez, 1999, citado por Bugueño y Barros, 2008, pp. 2-3).

— Cuando se asume el trabajo en equipo como condición del quehacer pedagógico es fundamental que los maestros involucrados comprendan la importancia de asumir determinadas acciones a favor de la movilización de esta forma de trabajo, como por ejemplo:

— *El compromiso.* Una de las características del trabajo en equipo de los maestros se relaciona con el compromiso que los integrantes asumen al momento de llevarlo a cabo, pues se le asignan tareas y responsabilidades con las mismas, que en gran medida se han de cumplir para que los objetivos se logren y las acciones se plasmen en producciones pedagógicas o didácticas.

— *La responsabilidad.* Uno de los valores que dinamiza el trabajo en equipo se relaciona con la responsabilidad de cada uno de los participantes, que se materializa en el cumplimiento de las funciones y tareas asignadas, pues de ello, dependen la consecución de metas y productos, pero además, del crecimiento del trabajo colegiado y de la colectividad misma.

Ilustración 9.
Acciones en el trabajo en equipo

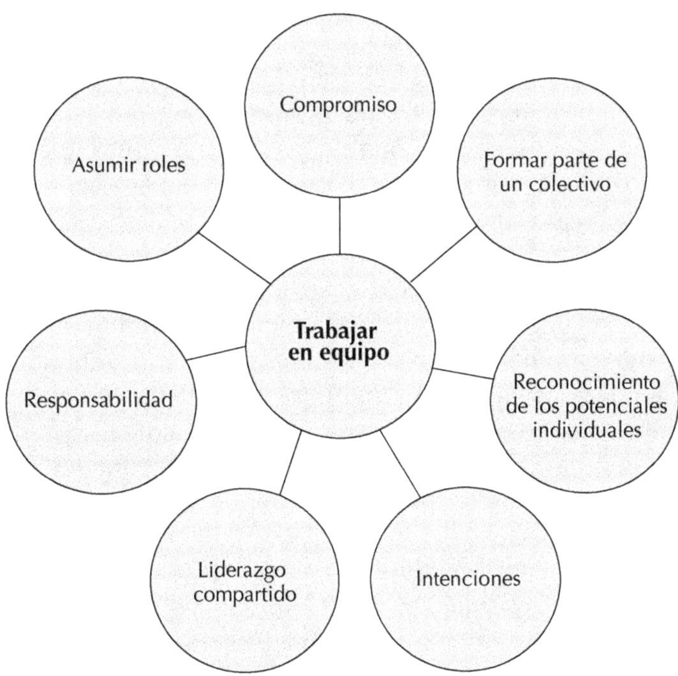

— *Formar parte del colectivo.* Otro de los elementos fundamentales que caracteriza el trabajo en equipo de los maestros es la determinación de quienes hacen parte de esta forma de trabajo. Así, a través de la convocatoria se busca invitar a aquellos maestros interesados en reflexionar la escuela y sus dinámicas pero además, conformar una agrupación que se reúnan en torno a una serie de asuntos comunes, que inquietan y que requieren de la intervención de los maestros.

— *Reconocimiento de las potencialidades individualidades*. Más allá de constituirse el trabajo en equipo de los maestros como la suma de potenciales individuales, significa reconocer sus cualidades y talentos con el fin de adjudicarle un papel y un compromiso de acuerdo a ello, para que se realicen de modo eficaz en el camino del crecimiento, consolidación y la proyección del trabajo colegiado, pero además, en el proceso de instalación de las acciones coordinadas como un ejercicio de trabajo de los maestros.

— *Las intenciones*. El trabajo en equipo de los maestros se relaciona con las intenciones que persiguen los maestros para encontrase con los otros maestros a reflexionar y proponer acciones de intervención en el aula. Por lo general, el trabajo en equipo es mediado por intenciones ontológicas, epistemológicas y axiológicas que emergen al momento del encuentro de los maestros y que orientan el accionar particular de esta forma de trabajo.

— *El liderazgo compartido*. Para que el trabajo en equipo de los maestros sea efectivo es importante el liderazgo, pero una forma en particular, es decir, compartido, lo que significa comprenderlo como una actuación que cualquiera de los maestros que integran el trabajo colegiado puede asumir, dependiendo de las necesidades, requerimientos e intenciones. Así, el líder se comprende como el integrante del equipo encargado de coordinar, convocar y orientar el trabajo en determinados momentos. En este sentido, el liderazgo muchas veces viene dado por las circunstancias, por consiguiente, en el trabajo en equipo el liderazgo se asume como un hecho colectivo y como un acontecimiento, en la medida que todos los integrantes ocupan y asumen este rol en algún momento dado.

— *La asignación de roles*. El trabajo en equipo de los maestros debe estar mediado por la asignación de roles, que dependen precisamente, de las capacidades individuales, de los deseos y exigencias, en la que cada integrante no solo se le determinan unas funciones sino se le reconocen unos potenciales acordes a las funciones y necesidades asumidas.

2. Razones para trabajar en equipo

Se suele cuestionar cuál es el fin o las razones por las cuales los maestros trabajan en equipo y más cuando la escuela en múltiples momentos limita los espacios de encuentro de los maestros para trabajar colegiadamente. Aun así, muchos maestros dan apertura a escenarios de encuentro para trabajar de modo colectivo y abordar problemáticas comunes que afectan a la escuela.

Respecto a las razones, diversas son las que se han identificado como las motivaciones del trabajo en equipo, entre ellas se resaltan por ejemplo, una necesidad, un interés, un deseo, algún inconformismo o alguna preocupación susceptible de ser reflexionada, cuestionada e intervenida. Cada uno de estos impulsos les permiten crear sus propias comprensiones de aquello que les inquieta, así como de sí y del otro. El trabajo en equipo se configura en una forma de expresión colectiva en la que es posible crear vínculos y establecer contactos y relaciones tanto de orden intelectual como afectivo, los lazos que dotan de confianza, vitalidad, que dinamizan las relaciones y crean intersubjetividades, pero además, consolida esta manera de trabajar entre los maestros.

Estas razones que motivan a los maestros a trabajar en equipo son:

Ilustración 10.
Razones del trabajo en equipo

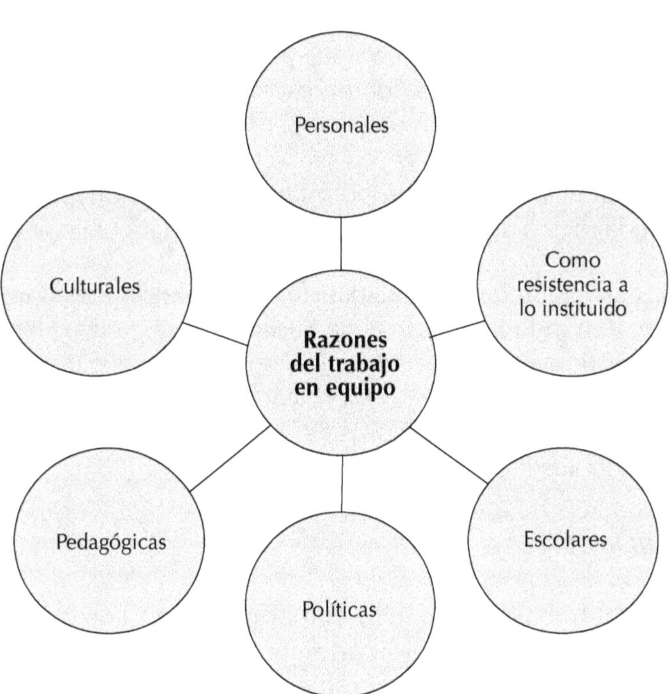

Personales

Se relacionan con aquellas inquietudes propias de los maestros que los motivan a trabajar en relación con otros maestros, que se traducen en los diversos asuntos que los impulsan a interactuar con otros en un encuentro pedagógico mediado por el trabajo en equipo, entre ellas se resaltan:

Afinidad y simpatía

El establecimiento de conexiones, la afinidad y la proximidad con otros maestros, en términos de similitud de inquietudes, concepciones y deseos de transformación del acontecer escolar a través de la formulación de acciones y alternativas pedagógicas, es una de las características que impulsa el trabajo en equipo, que favorece la construcción de la confianza, componente fundamental para alcanzar las metas comunes establecidas y resolver problemas que afectan las prácticas pedagógicas y que requieren de la intervención del maestro. En este sentido, trabajar con aquellos maestros con los que hay proximidad y con los que se sienten bien, es decir, con los que hay afinidad (intelectual o social), compatibilidad y simpatía, se convierte en un factor determinante del trabajo en equipo, ya que los conecta, y este tipo de relaciones favorecen una comunicación efectiva, la realización de actividades que sean comunes a los participantes, el respecto en los puntos de vista divergentes de los otros, el apoyo constante en las tareas y por supuesto, la apuesta por mantener cohesionado y unido el equipo pedagógico a pesar de las adversidades e inconvenientes.

Cabe agregar que cuando los maestros trabajan colegiadamente se enfrentan, tomando las palabras de Ehrlich (2002), a un dilema, pues "pueden cooperar entre sí y armonizar sus esfuerzos para asegurar el éxito en todas sus acciones, o bien, cada cual puede proseguir con su agenda personal y obstaculizar el esfuerzo que el equipo hace para alcanzar sus metas" (p. 19).

Pertenencia

Ser parte del trabajo en equipo, comprendido no como la suma de trabajos individuales sino el aporte conjunto de sus miembros y el resultado de esa confluencia de esfuerzos, implica establecer una relación de apropiación sobre unas ideas, sobre unas maneras de proceder, de explorar, de reflexionar y comprender los asuntos escolares.

Los maestros al sentirse parte de una idea, de un interés común, de un proyecto, de un trabajo colegiado o de una meta, establecen una relación de identidad, compartiendo con ello unos principios, valores, comportamientos y emociones, pero además, se sienten incluidos en las dinámicas de un equipo pedagógico, en el que se los reconoce como parte fundamental del andamiaje, sin los cuales las propuestas que se formulen difícilmente se concretan.

Necesidad

Según Fuentes y otros (2003), la necesidad es la condición primaria que determina el agrupamiento de las personas. En esta perspectiva, las necesidades de los maestros se relacionan con el deseo de transformar prácticas de enseñanza instaladas cuyos resultados no son satisfactorios frente a las intenciones y metas establecidas institucionalmente.

A pesar de que el trabajo en equipo de los maestros se constituye en una necesidad, en la escuela y fuera de ella, son pocos los maestros dedicados a trabajar de este modo. Más aún, según Albericio (2005), el trabajo en equipo no es un asunto que "se aprende en un seminario de unos días e incluso horas, o con unas lecturas que funcionan a modo de milagroso recetario" (pp. 103 -104).

Reconocer el trabajo en equipo como una necesidad implica la instalación de un nuevo discurso y práctica de trabajo entre los maestros y la invitación a cuestionarse sobre si el trabajo en equipo es una moda o una manera emergente de quehacer pedagógico. A este respecto es importante que el trabajo en equipo entre los maestros trascienda su carácter de moda a ser un modo de abordar el quehacer pedagógico, lo que implica generar una cultura de trabajo en equipo, en este sentido:

> *Para pasar de la "moda al modo" es condición indispensable que el trabajo en equipo se practique desde los escalones más altos de la organización [...]. Convertir el trabajo en equipo en un modo de gestión organizacional, sobre todo, en el ámbito escolar, requiere convicción, fijación de políticas y actitudes decididas y claras por parte de las personas que trabajan en [los] centros [educativos] (Albericio, 2005. p. 104).*

Más que una moda como se afirma en muchos escenarios, el trabajo en equipo es un modo que han de asumir muchas colectividades académicas y laborales, en particular los maestros, para enfrentar los retos contemporáneos. Según López, (2006), el trabajo colegiado mejora la autoestima y las relaciones personales y sociales, constituye al mismo tiempo una posibilidad de desarrollo personal y una estrategia para la socialización, crecimiento personal a través del contacto con las creencias, emociones y motivaciones presentes en los maestros integrantes del equipo de trabajo. La colaboración se convierte así en una experiencia de crecimiento personal y solidaridad social.

De este modo, el proceso de trabajo en equipo se visualiza como un aprender en el aprender, asumiendo nuevas habilidades como el pensamiento crítico, la reflexión, la investigación, el reconocimiento del otro como una subjetividad con la que se construye el conocimiento pedagógico, se comparten vivencias escolares, experiencias, proyectos, necesidades, intenciones e intereses, ya que es precisamente, con los colegas con quienes se valida el trabajo pedagógico, con ellos, se generan nuevas construcciones en un espacio de continuo cuestionamiento, discusión y debate de tal forma, que cada uno se reconoce en un diálogo de pares, como sujetos de saber, poder, con experiencias, afectos y emociones.

Pedagógicas

Se relacionan con aquellas intenciones que motivan a los maestros a reflexionar los conceptos, teorías y construcciones epistemológicas que constituyen el campo de la pedagogía, a los modos o maneras como proceden los maestros en el aula, pero también, se relacionan con las insatisfacciones de los maestros frente al modo como opera la escuela, a las maneras como habitualmente se lleva a cabo la enseñanza, a la constitución de ciertos saberes escolares como inamovibles, a la instalación de ciertas prácticas sin cuestionamiento o sospecha alguna, las cuales, entre otras cosas, los impulsan a trabajar en equipo planteando alternativas para enfrentar estas eventualidades, búsquedas y exploraciones que desemboquen en la transformación escolar.

Los maestros ejercen formas de trabajo conjunto, alternativo, articulado y participativo en diversas dinámicas como las redes, seminarios, ferias, foros y todos aquellos espacios de socialización y comunicación, en los que buscan el intercambio de concepciones, enfoques, metodologías, experiencias, intencionalidades y prácticas alrededor de objetivos comunes que se relacionan con la escuela, la educación y la pedagogía, logrando con esto, avances en el proceso de cualificación, de reconocimiento, de formación y autoformación a través de la acción colectiva.

La promoción del trabajo en equipo ha aparecido en la escuela, entre otras razones, por la inquietud de impulsar formas de participación de los maestros que les permita apropiar las producciones y elaboraciones hechas por la pedagogía, la didáctica, la investigación e innovación, apropiaciones que contribuyen en la constitución de una maneras particulares de comprender el acontecer escolar y de actuar conforme a ello. Por consiguiente, buscar resolver estas situaciones, bien sea como una manera de aliviar sus frustraciones o las quejas por el actuar de otros y el propio, pero además, pretender ser escuchado para mitigar la culpabilidad y responsabilidad por el hecho educativo, ya sea con los otros maestros de la misma institución o de otras, con quienes comparten estas sensaciones, se convierte en una de esas razones pedagógicas que motivan a los maestros a interactuar en equipo. La tensión que se vive en la cotidianidad del trabajo disminuye, pues se comparten esas impresiones y se siente que siempre queda algo por hacer, alguna idea por materializar o algún proyecto por terminar en el aula o en la institución, en consecuencia, la comunicación con otros maestros se introduce como un asunto primordial que permite no solo develar sus inquietudes sino dar apertura a un espacio de encuentro en el que se compartan prácticas y experiencias pedagógicas.

La culpabilidad

Para Hargreaves (1999), una de las preocupaciones emocionales en el camino del perfeccionamiento del aprendizaje y de las motivaciones para que los maestros trabajen colegiadamente en equipos, es la culpabilidad, que además de intranquilizar y frustrar, impulsa a pensar las actuaciones pedagógicas en el aula, lo cual significa que no siempre la culpabilidad tiene efectos lesivos sobre su trabajo. En muchas ocasiones los maestros sienten la necesidad, producto de esta emoción, de encontrarse a dialogar acerca de lo que acontece en el aula buscando en los otros las alternativas para enfrentar las dificultades que emergen en la labor educativa y hacer las cosas de una manera distinta, para que los aprendizajes se mejoren y fortalezcan, lo que desemboca en acciones de innovación e intervención pedagógica.

"La necesidad o el deseo de expiar la culpa puede ser un poderoso estímulo para el cambio personal y la reforma social" (Hargreaves, 1999, p. 167) y por supuesto, para trabajar en equipo. En la enseñanza entonces, existen tanto trampas culpabilizadoras como disculpas, las primeras se relacionan con aquellas "pautas sociales y de motivación que delinean y determinan la culpabilidad de los profesores" (p. 167) que pueden llegar a ser poco improductivos, frustrantes y escasamente enriquecedores. Por ende, socializar sus prácticas de enseñanza y reconocer las de los otros maestros, se transfigura en una parte importante de su quehacer, para lo cual es necesario comprender que el ejercicio de ser maestro va más allá de las paredes de la escuela, del aula, del trabajo con las niñas, niños y jóvenes, y trasciende los espacios escolares propios de la organización institucional administrativa para ubicarse en otros escenarios que requieren de la reflexión y la producción pedagógica.

En ciertas ocasiones lo que encauza pedagógicamente a los maestros a trabajar en equipo son las críticas frente a las prácticas de enseñanza instituidas, que en el tiempo se mantienen, muchas de las cuales se instalan efecto de los modelos propuestos por los expertos, las normas o las universidades a través de los programas de formación, capacitación o actualización, que no solo no logran ser coherentes ni pertinentes con las realidades escolares estudiadas sino que no funcionan en algunos momentos según las necesidades e intereses de las niñas, niños y jóvenes.

Resignificar el conocimiento

Significa la posibilidad no solo de acceder al conocimiento mismo sino de construirlo, de comprender que el maestro es un sujeto de saber y conocimiento en la medida en que hace praxis sobre sus prácticas educativas, las sistematiza y las reflexiones producto de este proceso las materializa en alternativas que comparte en los escenarios de encuentro pedagógico que pueden contribuir a resolver inquietudes de otros maestros en la escuela, por ello, la necesidad de compartirlos, publicarlos y socializarlos en distintos escenarios académicos.

En algunas ocasiones el trabajo colectivo es una acción impulsada por los directivos en las instituciones educativas a fin de cumplir con alguna tarea académica en particular, de evaluación, planeación, reforma o complementariedad curricular o quizás de carácter convivencial que requiera del encuentro y de la toma de decisiones de los maestros. Sin embargo, una vez realizada y cumplida la labor asignada el grupo se desintegra y difícilmente vuelven a reunirse para discutir asuntos de interés común. En esta perspectiva, el maestro se constituye como un ejecutor de tareas relacionadas con la planeación, la evaluación, la planificación y no como un sujeto productor de saber pedagógico, convirtiendo

> *[...] el trabajo en equipo [...] en un quehacer añadido al habitual que se percibe como una sobrecarga. Además, en muchos casos para sacar adelante ese trabajo se cuenta con el voluntariado de quien lo va a realizar. En cualquier caso, este recargo en las tareas ordinarias dificulta, al menos inicialmente, que por parte de los miembros del equipo —en este caso los profesores— haya una buena disposición para la realización de este trabajo encomendado, que el profesor tendrá que saber encajar en su apretado horario laboral (Espot y Nubiola, 2006, p. 199).*

El trabajo en equipo tiene sentido en la medida en que se asume como una posibilidad de encuentro, reconocimiento y recuperación del espacio de la pedagogía, donde se fortalece la idea de ser sujetos constructores de saber pedagógico, hecho que a su vez, contribuye en el proceso tanto de cualificación de su labor como en la consolidación de equipos, la formación profesional y la reflexión permanente mediante discusiones, deliberaciones, contrastaciones, validaciones y proyecciones, que se ven reflejadas en la producción de saber que se traduce en la elaboración de documentos a modo de ponencias, ensayos, artículos de revista, en los que se recopilan los análisis desarrollados en el trabajo colegiado, así como la materialización de alternativas y proyectos pedagógicos generados a partir de las experiencias y vivencias de conocimiento sistematizadas que transforman las prácticas de enseñanza escolares y contribuyen en la formulación de políticas educativas.

Mejoramiento de los procesos de aprendizaje

Una de las motivaciones que impulsa a los maestros a trabajar en equipo se relaciona con la necesidad de mejorar los procesos de aprendizaje de sus estudiantes en el aula, ante la presencia de experiencias y prácticas educativas que se alejan de los resultados y metas establecidas y poco contribuyen en este proceso. En este sentido, el trabajo en equipo se orienta a reflexionar las prácticas de enseñanza y los discursos didácticos que se instauran, a fin de analizar sus fundamentos teóricos y las posibilidades de formular alternativas que resquebrajen lo instituido y den la apertura a nuevas formas de enseñanza que contribuyan en el mejoramiento del desempeño, de los procesos de construcción del conocimiento o de las habilidades de pensamiento de las niñas, niños y jóvenes.

Culturales

Las razones culturales se relacionan con las intenciones de los maestros de modificar su estatus y el deseo de ser concebido de otra manera, su interés de profesionalización y los impactos de sus gestiones pedagógicas en la escuela y sus repercusiones en la sociedad. Se refieren además, a la intención del maestro de ser reconocido de un modo distinto, de configurarse como un intelectual y productor de saber pedagógico, preocupado por el acontecer de la escuela, que considera el trabajo en equipo un escenario para constituirse y adoptar una actitud diferente para afrontar el trabajo pedagógico, es decir, un estado en el que comprende la importancia del encuentro colectivo como una estrategia para transformarse, pensarse, edificarse y asumirse distinto y con ello, enfrentar los asuntos escolares, lo que implica la generación de soluciones, el análisis de las situaciones ocurridas, así como, la intervención sobre el acontecer de la escuela.

El maestro con esta actitud reflexiva y crítica enriquece la cultura escolar, un entramado constituido por una multiplicidad de relaciones, sentidos, normas, gestos, costumbres, comportamientos y significados, factibles de estudio, exploración, reconocimiento, descripción y análisis en la búsqueda y configuración de campos de investigación que le permitan a los maestros construir comprensiones de lo escolar y de todo lo que allí sucede. De este modo, la indagación de la cultura escolar favorece la comprensión de los modos como opera la escuela y contribuye a la visibilización de las diversas manifestaciones, creencias, valores, normas que la fundamentan.

Hoy el trabajo en equipo de los maestros se manifiesta como una posibilidad transformadora y reivindicadora del estatus de los maestros y su papel en la escuela. A través de esta forma de trabajo colegiado se pretende ampliar la mirada que sobre el trabajo pedagógico se mantiene, es decir, como un asunto que se limita al trabajo con los niños en el aula.

Políticas

Una de las razones por las que los maestros trabajan en equipo se relaciona con el deseo de crear y constituir espacios de discusión política en los que se dignifique, transforme el estatus e imagen y profesionalice el trabajo pedagógico, reconociéndolo como investigador, innovador y productor de saber.

Cuando en el encuentro de los maestros se analizan los fundamentos e intenciones que movilizaron la elaboración de sus experiencias y proyectos pedagógicos es factible dilucidar las posturas que asumen frente a la escuela y el maestro, así como las concepciones que motivan la transformación del acontecer estudiado, de este modo es posible, no solo cuestionar el propio quehacer sino visibilizar "las incongruencias de las posturas y mandatos externos" (Fundación Universitaria Cafam, 2015, p. 15). Pero además de cuestionar las prácticas de enseñanza de los maestros se involucran con las reflexiones respecto a las normatividades establecidas, colocándolas en clave de sospecha y planteando alternativas de actuación y resistencia frente a las mismas.

Es necesario resaltar que el trabajo en equipo de los maestros es una iniciativa, por supuesto, impulsada por los maestros mismos, independiente muchas veces de las convocatorias externas y provenientes de instituciones gubernamentales, es una relación en la que los maestros se reafirman, se articulan, reconocen sus producciones pedagógicas, debaten y analizan las elaboradas por las comunidades académicas, enriquecen y validan sus propuestas y se apoyan colectivamente en los otros maestros para darle potencia a sus intervenciones escolares y educativas.

Cada una de estas acepciones se convierte en un referente que en conjunción interactúan con el concepto construido por el contexto pedagógico. Al respecto, aparecen planteamientos que expresan que el trabajo en equipo es una forma de "articulación entre maestros que encuentran en estos espacios posibilidades de reconocerse, de encontrarse con el otro y con lo otro, y ensayar nuevas formas de ser" (Unda, 2002, p. 6).

Como resistencia a lo instituido

El reconocimiento del trabajo en equipo como resistencia significa visibilizar que las prácticas pedagógicas de los maestros y su experiencia fruto de la observación cotidiana de su actuación, contienen elementos alternativos que al compartirse sirven de camino para afrontar de otro modo el quehacer en el aula, la innovación e investigación), en diversas ocasiones van en contravía de aquello que se establece y se define para la escuela de manera externa obedeciendo a alguna política o normatividad instituida, pero además, como un camino a la búsqueda de espacios de encuentro pedagógico en otros escenarios distintos o paralelos a los propuestos institucionalmente, que muchas veces no satisfacen las expectativas de los maestros, obligándolos a constituir espacios en las fronteras de la escuela en los que se involucran los conocimientos, expectativas y experiencias de los maestros implicados, "quienes construyen colaborativamente sus propios significados y dan sentido a su labor, al situarse como creadores de saber y no solo como reproductores de políticas y modelos, la mayoría de las veces ajenos a la realidad escolar" (Fundación Universitaria Cafam, 2015, p. 14).

Así como se ve:

> *Resistir en estos tiempos, se asocia a pensar en vías alternas para impugnar el acondicionamiento a lógicas instrumentales, para buscar opciones nuevas y tratar de no dejarse aplastar, para salir del individualismo y promover acciones colectivas aunque todo apunte a que se mantenga la insularidad de las prácticas o del trabajo, para construir otras opciones y mantener el pensamiento utópico, y lo más importante, para no caer en la desesperanza (Martínez, 2006, p. 18).*

En este ámbito es factible que los maestros se reafirmen y valoren su estatus como productores de saber y transformadores del acontecer escolar. Y más allá de lo institucional, logran establecer unos ritmos de trabajo, unos tiempos y espacios que consolidan nuevas maneras de relación entre los maestros que trascienden lo establecido por las normas y la rutina cotidiana.

Escolares

El trabajo colectivo es una acción impulsada por los directivos en las instituciones educativas a fin cumplir con alguna tarea académica en particular, de evaluación, planeación, reforma o complementariedad curricular o quizás de carácter convivencial que requiera del encuentro y de la toma de decisiones de los maestros. Sin embargo, una vez realizada y cumplida la labor asignada el grupo se desintegra y difícilmente vuelven a reunirse para discutir asuntos de interés común. En esta perspectiva, el maestro se constituye como un ejecutor de tareas relacionadas con la planeación, la evaluación, la planificación y no como un sujeto productor de saber pedagógico, convirtiendo

> *[…] el trabajo en equipo […] en un quehacer añadido al habitual que se percibe como una sobrecarga. Además, en muchos casos para sacar adelante ese trabajo se cuenta con el voluntariado de quien lo va a realizar. En cualquier caso, este recargo en las tareas ordinarias dificulta, al menos inicialmente, que por parte de los miembros del equipo —en este caso los profesores— haya una buena disposición para la realización de este trabajo encomendado, que el profesor tendrá que saber encajar en su apretado horario laboral (Espot y Nubiola, 2006, p. 199).*

El trabajo en equipo de los maestros tiene sentido en la medida en que se asume como una posibilidad de encuentro, reconocimiento y recuperación del espacio de la pedagogía, donde se fortalece la idea de ser sujetos constructores de saber pedagógico, hecho que a su vez, contribuye en el proceso tanto de cualificación de su labor como en la consolidación de equipos, la formación profesional y la reflexión permanente mediante discusiones, deliberaciones, contrastaciones, validaciones y proyecciones, que se ven reflejadas justamente, en la producción de saber que se traduce en la elaboración de documentos a modo de ponencias, ensayos, artículos de revista, en los que se recopilan los análisis desarrollados en el trabajo colegiado, así como la materialización de alternativas y proyectos pedagógicos generados a partir de las experiencias y vivencias de conocimiento sistematizadas que transforman las prácticas de enseñanza escolares y contribuyen en la formulación de políticas educativas.

Capítulo III
Las características del trabajo en equipo

Caracterizar el trabajo en equipo de los maestros implica reconocer aquellas ideas, fundamentos, conceptos y dinámicas organizativas que lo sustentan y que posibilitan las condiciones para que los maestros se encuentren para resolver conjuntamente situaciones y aborden acciones relacionadas con el acontecer de la educación y la escuela contribuyendo en la constitución de comunidades de pedagógicas de maestros. En este sentido, diversas son las características que se le atribuyen al trabajo en equipo de los maestros, que permiten orientar, estructurar, dinamizar y movilizar su accionar. Entre esas características atribuidas al trabajo en equipo se encuentran:

Ilustración 11.
Características del Trabajo en Equipo

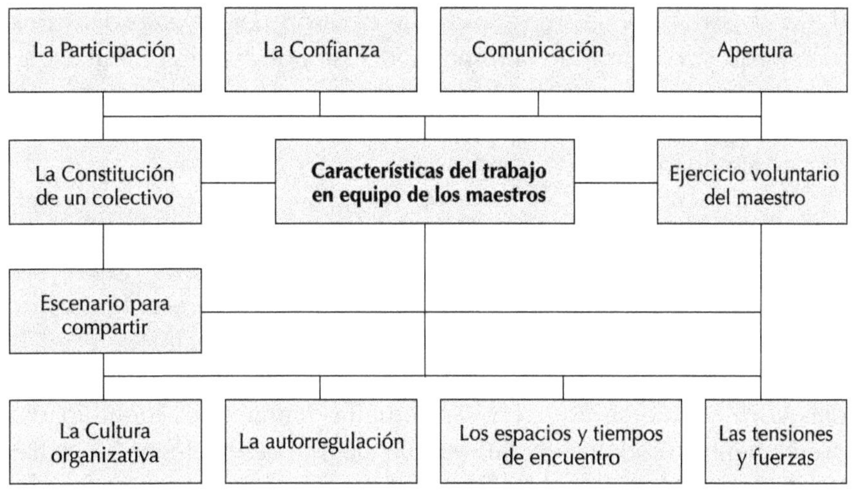

1. La participación

Uno de los aspectos que se acentúa y que se requiere en el trabajo en equipo de los maestros y que facilita el desarrollo de experiencias en las que vivencia la importancia del reconocimiento del otro, de la colaboración, del respeto, de la comunicación asertiva en la resolución de los conflictos, es la participación, comprendida como una práctica intencionada de los sujetos que a partir de su motivación e interés colocan al servicio de la acción colectiva sus capacidades, experiencias, trayectoria y talentos, pero también, hacia la búsqueda de la concreción de unas metas comunes que se articulan a unos objetivos, intereses y deseos, que además, facilita los procesos de intervención respecto a los asuntos colectivos, educativos y escolares que afectan a los maestros.

La participación se convierte en un referente y una práctica constante en el trabajo en equipo de los maestros en la medida en que permite observar las formas como se delibera y se apuesta, por colocar en discusión los diferentes puntos de vista de los maestros alrededor de lo educativo y pedagógico, que entran en disputa por establecer o debatir sobre otras perspectivas relacionadas con estos asuntos, expuestos mediante diversos argumentos, que en ocasiones, son contrapuestos o enriquecidos por las ideas expresadas por cada uno de los maestros que interactúan en el trabajo colegiado, reconociendo la importancia del respeto por la opinión del colega, del turno para pedir la palabra, de la toma de decisiones con argumentos claros, precisos y consistentes, y por supuesto, del establecimiento de acuerdos y negociaciones que favorecen la consolidación del equipo de trabajo pedagógico.

Existen ciertas formas para tipificar la participación en el trabajo en equipo de los maestros. Entre esas formas aparece en primera instancia, una *participación directa y efectiva* que se presenta cuando los maestros invitan a otros colegas a trabajar directamente en la producción de las acciones, proyectos, investigaciones y experiencias con las que se intervendrán aquellas situaciones identificadas previamente como problemáticas que afectan el acontecer escolar. A través de esta forma de participación se mejoran, aumentan y fortalecen las relaciones interpersonales entre los maestros, se construye la confianza y se consolida un equipo de trabajo colectivo.

La participación directa facilita escuchar las propuestas con las que se involucran los maestros, sus intereses, expectativas y deseos, que se encuentran para reflexionarlos y relacionarlos con las conceptualizaciones producidas alrededor de la educación y la pedagogía. Así, se promueve un escenario de intercambio de experiencias y puntos de vista, de concertación sobre las temáticas a trabajar y sobre las decisiones que se van a tomar, que resalta el papel protagónico de los maestros dentro del encuentro, en las acciones políticas a ejecutar, en las reivindicaciones y reclamaciones frente a lo que ocurre en la escuela. Con todo ello se fortalece la idea que los maestros que intervienen en el trabajo son quienes encuentran los caminos, rutas y soluciones a los problemas que involucran a sus comunidades educativas y escolares y no han de esperar de acciones externas para involucrarse en la trasformación de la escuela.

Esta participación real y efectiva es *deliberante* y posibilita que los maestros se involucren en las discusiones, debates, reflexiones y decisiones tomadas acerca de los planes, programas y proyectos formulados. Los maestros son consultados y aportan sus ideas a la construcción y rediseño de las acciones planeadas.

Además de esta forma de participación, aparece una *participación indirecta* que se suscita cuando los maestros delegan la toma de decisiones a otros maestros quienes los representan y hacen manifiestas sus opiniones, puntos de vista y producciones pedagógicas. Por lo general, se presenta cuando por cuestiones de diverso orden a los maestros se les dificulta asistir a los encuentros y debates en los que se toman decisiones y diseñan acciones de intervención.

En conjunto con estas formas de participación, al interior del trabajo en equipo en ocasiones se suscita una *participación informativa* a través de la cual los maestros en los encuentros son informados por alguno de los integrantes del trabajo colegiado respecto a los acontecimientos, acciones, procesos y experiencias que se adelantan y que se relacionan con sus acciones pedagógicas. En esta perspectiva, los maestros deliberan poco acerca de lo expresado, ya que la intención es informarse sobre aquello que con antelación se ha programado, estudiado, diseñado y definido.

Ilustración 12.
Formas de Participación en el trabajo en equipo

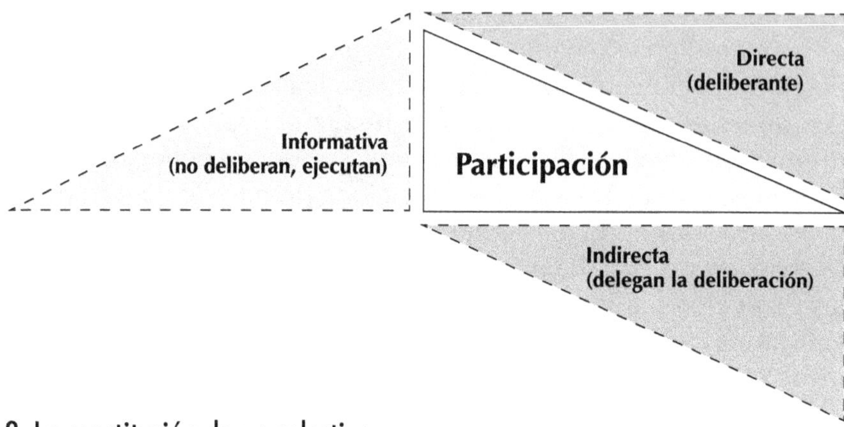

2. La constitución de un colectivo

Otra de las características del trabajo en equipo de los maestros se relaciona con la intención de constituirse como un colectivo en el que se posibilitan procesos de reflexión, consolidación e identificación sobre el quehacer en el aula, en la escuela misma y los fundamentos que sustentan los discursos pedagógicos y didácticos de una manera constante y no solamente con la intención de resolver o abordar un proyecto específico idea o dificultad, sino que trasciende a un estado distinto, colmado de cuestionamientos, debates e inconformidades que surgen en un grupo de maestros preocupados por lo que sucede en el contexto escolar.

Toda forma de organización pedagógica constituida dentro o fuera de la escuela e intencionada para trabajar en equipo permite generar espacios para el reconocimiento del quehacer del maestro, impulsado por las diversas personas que interactúan, por las organizaciones académicas, educativas y políticas, por los otros colegas con los que se labora, por los grupos de trabajo y por los pares académicos que se encuentran en determinados momentos de socialización y de comunicación de lo que se hace en la escuela. En este sentido, se aportan elementos que enriquecen las experiencias pedagógicas de los participantes, que se traducen en mejorar los procesos de formación de los estudiantes, de transformación de la escuela y de formulación de políticas educativas, con lo que además, se propician otras formas colectivas para asumir los encuentros pedagógicos, en donde los maestros intentan superar dificultades como por ejemplo, el trabajo fragmentado, descontextualizado, aislado y favoreciendo los procesos de formación profesional, de cualificación y de transformación de estatus del maestro y de la pedagogía.

3. Cultura Organizativa

La cultura organizativa se refiere a la conjunción de normas, experiencias, comportamientos, gestos, valores, actitudes y tendencias que regulan y caracterizan el modo de actuación singular de los maestros durante el trabajo colegiado. Son los "rituales y rutinas a los que se apegan sus miembros mientras trabajan juntos" (Ehrlich, 2002, p. 25).

La cultura organizativa es un ambiente de regulación que determina las relaciones entre maestros, que emerge cuando interactúan en relación con la consecución de unos objetivos comunes, y es específica de cada encuentro colectivo, de cada grupo, equipo o red pedagógica.

En la dinámica del trabajo en equipo aparecen ciertos roles organizativos que distinguen a la cultura organizativa, como el del coordinador (líder) encargado de convocar a las reuniones de encuentro; el de *moderador*, quien es el encargado de otorgar la palabra a quien lo solicita durante las sesiones adelantadas, el *relator* que lleva el acta del encuentro, que en la siguiente reunión se lee y se somete a aprobación después de los ajustes pertinentes.

En cada sesión se socializan avances e intercambian experiencias de los maestros en relación con los proyectos y las vivencias de aula. Así mismo, se abordan problemáticas relacionadas con el planteamiento, retroalimentación y reajuste de la propuesta de formación e investigación, en las cuales se reconoce y apoya al otro, nuevos roles y funciones surgen de acuerdo a las actividades y compromisos adquiridos en las dinámicas ejecutadas, lo que deriva en la asignación de responsabilidades y tareas en beneficio de la operatividad y del diseño, ejecución y registro de actividades específicas, individuales y conjuntas.

Para que el trabajo en equipo de los maestros se lleve a cabo es fundamental que el conjunto de maestros determinen la estructura y organización del mismo, a fin de comprender los modos como se compartan los sujetos y el trabajo mismo. En este sentido, la organización del trabajo en equipo se refiere a la estructura que adopta el trabajo, a la asignación de los roles, a los momentos y espacios de encuentro, a las actividades a realizar (lecturas, exposición de textos, producción de escritos, indagaciones documentales, inscripción a encuentros, asistencia a eventos, entre otros) y la formulación de proyecciones.

Para que la organización de maestros sea efectiva es importante la existencia de un líder, convocante de las reuniones, que tengan claridad de los propósitos del trabajo en equipo, en el que la confianza, el respecto medie las relaciones, además del reconocimiento de los potenciales de cada uno de los integrantes. Respecto a esto, Espot y Nubiola (2006) afirman:

> *El papel que juega el líder en el trabajo en equipo es decisivo no sólo para la consecución de los objetivos marcados, sino también para el logro de un buen clima en el equipo y la buena marcha del mismo, que nunca son fruto del azar. El líder es el conductor del equipo. Es quien asigna las tareas, marca los ritmos de trabajo, coordina los trabajos individuales del equipo y reúne esfuerzos, capacidades y resultados. Todas estas tareas previamente requieren un estudio preciso y una definición de los objetivos, una planificación del trabajo a realizar y un conocimiento de cada uno de los componentes del grupo, tanto en cuanto a su competencia profesional y su tiempo disponible, como en cuanto a su modo de pensar y sentir. El líder debe prestar atención a las relaciones de afecto y cooperación necesarias en el grupo y a las necesidades de cada uno de sus miembros en particular. Quien lidera tiene que saber que de él se espera lealtad y que sea siempre el más esforzado y el mejor técnico del grupo. De hecho, se le pide constantemente que demuestre su valía personal y su técnica (p. 200).*

Pero además de un líder, es fundamental unos integrantes interesados en debatir, reflexionar y proponer sobre los asuntos que afectan el acontecer escolar y generan insatisfacciones e inconformismos, pero además, el deseo y la intención de intervenir y de realizar acciones de orden didáctico, pedagógico, metodológico, que se materializan en proyectos, planes y experiencias en la escuela.

Algunos estudios realizados han descrito los elementos de la cultura organizacional que constituyen el trabajo en equipo de los maestros, entre los que se resaltan:

1. Especificación de funciones o roles
2. Realización de actividades y compromisos
3. Compartir responsabilidades frente al trabajo

En conjunción con estos elementos, aparecen las dinámicas en el trabajo en equipo que se suscitan durante cada uno de los encuentros. Cuando habla de las dinámicas del trabajo en equipo se hace referencia a las interacciones que se gestan, a los modos como se produce la interacción entre los maestros, a las formas como se determina la autoridad, los momentos y lugares de encuentro, las maneras como se asumen las obligaciones, se definen los documentos de lectura, los tiempos de escritura y las proyecciones del trabajo, en fin, a las condiciones que estructuran y organizan el trabajo colegiado.

Cada equipo al establecer sus formas de organización construye una cultura específica sustentada en una serie de valores, actitudes, rituales, compromisos y rutinas que se constituyen en elementos fundamentales para el éxito del trabajo en equipo, que de igual manera son comprendidas e interiorizadas por cada uno de los maestros participantes, que al encontrarse con los otros, les permite favorecer unos comportamientos que además, enriquecen las acciones adelantadas por el equipo.

Ilustración 13.
Elementos de la cultura organizacional

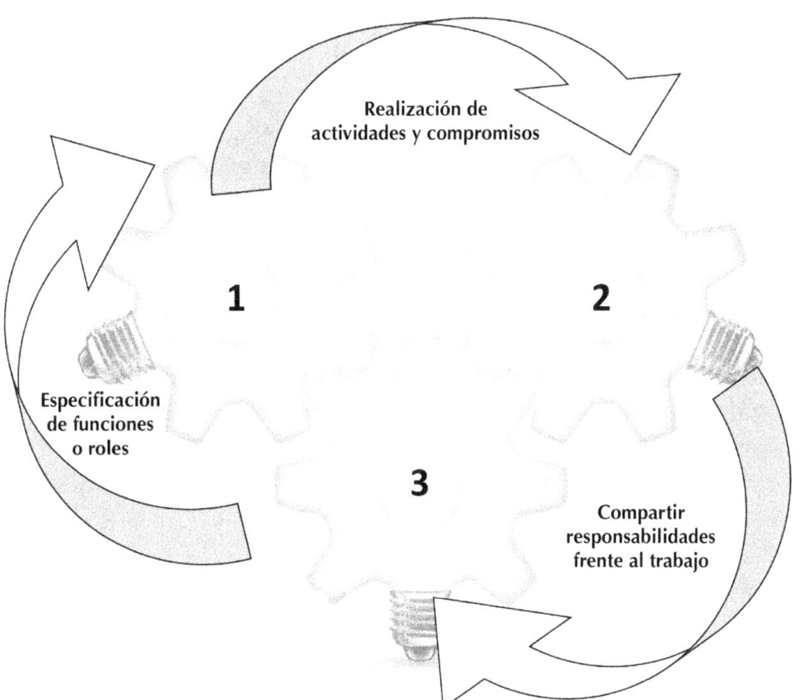

4. La autorregulación

La autorregulación se comprende como la posibilidad que tienen los maestros de regular sus modos de actuación dentro del colectivo sin la necesidad de la intervención de un agente externo, institución, voluntad política o disposición legal que impulse sus encuentros, organización, dinámicas, realizaciones y proyecciones. Por el contrario, el trabajo en equipo surge por efecto de sus voluntades personales y el deseo de transformar las prácticas de enseñanza que se mantienen estáticas y rígidas en el tiempo, de hacer de la escuela un escenario distinto y del maestro un sujeto productor de saber pedagógico.

En múltiples ocasiones los maestros han mostrado que se autorregulan en relación con su práctica pedagógica, en el aula, en las actividades que allí plantean e implementan de manera individual, pero cuando la disposición se orienta a trabajar con otros con los que se comparte una forma de ver, participar, intervenir y disentir respecto al acontecer escolar, la autorregulación cambia de escenario, se traduce, materializa y adquiere una connotación distinta, la de encuentro colegiado y trabajo en equipo.

Uno de los aspectos a considerar en las dinámicas de trabajo colegiado es comprender la importancia de establecer colectivamente unas normas que permitan la convivencia e interacción entre los maestros integrantes. Estas normas que se conciertan y negocian se establecen para evitar que los conflictos deriven en acciones que atenten o afecten la convivencia de los maestros, puede tener un carácter explícito en la medida en que se establecen por escrito o implícitas ya que se dialogan y se conservan en el imaginario colectivo de los maestros.

En síntesis, la dinámica de trabajo colegiado ha llevado a que los maestros se autoorganicen y autorregulen, asumiendo roles, reconociendo potencialidades, apropiando compromisos, generando proyectos, definiendo los tiempos de encuentro, la elección de los documentos a estudiar, la búsqueda de estrategias para elaborar escritos, la manera de acompañar a los colegas y la planeación de nuevas acciones, entre otros. Trabajar con el otro se traduce en que los maestros regulan el devenir del equipo, las responsabilidades, dificultades, perspectivas y proyecciones que derivan en unas maneras particulares de convivir, establecer lazos de afectividad y relacionarse, significa además, reconocer que el conocimiento se construye y valida en el encuentro con otros, descubrir las múltiples posibilidades de su acción pedagógica y la necesidad de construir nuevos significados sobre la escuela, la pedagogía, la educación.

5. La confianza

La construcción de la confianza y el establecimiento de relaciones de colaboración es otro de los elementos característicos del trabajo en equipo de los maestros. Según Espot y Nubiola (2006), la confianza

> *[...] surge tras un período de conocimiento mutuo, no es inmediata ni puede improvisarse. La confianza no se impone, sino que se inspira. Se inspira en base a las cualidades de la otra persona, en particular su talante moral y su capacidad de dar la respuesta que esperamos de ella (p. 200).*

La construcción de la confianza comienza en el momento que se reconoce al otro como distinto, con unas cualidades y potenciales singulares que al integrarlos en una actividad favorecen de modo efectivo la consecución de las metas del trabajo en equipo. El trabajo en equipo como escenario del quehacer colegiado, facilita la emergencia de diferentes experiencias, hace que cada uno de los maestros asuma unos roles, compromisos y funciones rotativas, se configuren las condiciones para confiar en el otro, en su capacidad para hacer las cosas, en su compromiso frente a la delegación de las responsabilidades como participación en eventos, redacción de ponencias, presentación de documentos entre otros, ya que todos no pueden hacer lo mismo por diferentes razones. En ese sentido, confían los unos en los otros y no solo a nivel de lo pedagógico sino también, en relación con los logros académicos, laborales y personales.

6. Apertura

Otra de las condiciones que caracteriza el trabajo en equipo de los maestros es la apertura, es decir, la disposición de los maestros para permitir el ingreso de otros maestros interesados en pensar de otro modo la escuela, en compartir su experiencia de trabajo pedagógico, en consolidar aún más el trabajo colectivo, de asumir una actitud de respeto hacia el trabajo que se ha venido adelantando durante años, a mantenerse en el sueño de constituir una escuela distinta y a enriquecer cada una de las experiencias pedagógicas que se comparten.

7. Las tensiones

Cada uno de los participantes se ve enfrentado a la vivencia de múltiples tensiones, producto de las diversas concepciones que sobre la enseñanza, la escuela, el saber, el maestro, los escolares se poseen. Sin embargo, esto no es un obstáculo para reconocerse como diferentes, para convivir y respetarse como profesionales en una diversidad latente. Aunque los docentes tienen múltiples y variados intereses, así como ciertas problemáticas e imaginarios que diariamente los afectan, y que, no es una tarea fácil trabajar con pares, al abrir las puertas de sus espacios académicos y personales para ponerlos en evidencia, presentan diferencias que afectan a las personas, sin embargo, se pueden lograr formas de autoorganización y autorregulación que favorecen los procesos convivenciales del colectivo.

La diversidad de posturas, miradas y visiones de los maestros, no sólo enriquecen la producción pedagógica sino que generan una dinámica de tensiones y fuerzas que hacen crecer el trabajo mismo, y por supuesto a cada maestro, en la medida, en que aparecen diversas alternativas para enfrentar los conflictos, en tanto se proponen mecanismos diversos para resolver los asuntos que los colocan en situaciones de contradicción.

En el trabajo en equipo se suscitan disputas debido a la multiplicidad de maneras de comprender el mundo. Estas situaciones se asumen como retos de validación, contrastación y transformación, pues la escritura es una condición que exige la negociación de los maestros en la búsqueda de establecer puntos comunes y acuerdos a través de aquello que se quiere decir, de las argumentaciones formuladas, de las reflexiones hechas y de las discusiones planteadas y canalizadas hacia los intereses generales del colectivo. Precisamente, la escritura deja entrever ciertos estados de polarización que en ocasiones se manifiestan frente a algún pensamiento, concepción, punto de vista o idea, pues la escritura es un campo de batalla en el que confluyen diversas maneras de comprender el mundo y hace evidente que el acto de escribir por muy colectivamente que sea, es tamizado en mayor o menor medida por quien asume el rol del escribano dentro del trabajo colegiado.

En el discurso cada participante aporta a partir de su saber, trayectoria y su experiencia aquellos elementos que van enriqueciendo una posición colectiva, así como el fortalecimiento de posturas individuales, que se argumentan o discuten con el fin de complementar, compartir y pluralizar los enfoques de los maestros hacia la construcción de las temáticas y objetos de estudio abordados. Este discurso no es neutro, como toda acción educativa está cargado de intenciones y actitudes que implican no solo la necesidad de concertar, sino también de aprobar ciertas posiciones en procura de nodos argumentativos a través de consensos colectivos, al existir una lucha evidente entre teoría e imaginarios, en ese encuentro de referentes conceptuales y cosmovisiones.

Los procesos investigativos como espacios pedagógicos han creado situaciones nuevas en el hacer educativo, pues involucran construir y reconstruir para encontrar respuestas y hallazgos a interrogantes y búsquedas comunes. Es una tensión que a su vez también es asumida como posibilidad y un reto para entrar en nuevas dimensiones que permitan ver la escuela y a su vez brinda herramientas a los proyectos y al quehacer pedagógico. Los intereses conceptuales comunes han sido elementos alrededor de los cuales se han enfocado las tareas, consultas y por supuesto la investigación, generando discusiones, reflexiones y acuerdos hacia los temas y objetivos de trabajo.

8. Las fuerzas

Las fuerzas se asumen al interior del trabajo en equipo como detonantes que impulsan la movilización de los maestros en el camino de actuar respecto a lo que sucede en la escuela, son las capacidades de los maestros para asumir los retos que les propone el trabajo colegiado, son los elementos que fortalecen la permanencia dentro del trabajo colectivo, así como sus características y estructura. La fuerza es aquella condición que dinamiza y potencia el actuar de los maestros, que los compromete con unas metas y productos, pero ante todo, con la necesidad de mantener compacto y en constante proyección el accionar de la colectividad pedagógica.

9. Espacios y tiempos de encuentro

La determinación de un espacio y tiempo de encuentro son fundamentales para el trabajo en equipo, pues este tipo de acciones contribuyen a la cohesión del grupo en la medida que se establecen lazos de afinidad respecto a un sitio y se adquiere el compromiso frente a un horario establecido. En la mayoría de ocasiones los maestros se ven obligados a encontrarse para trabajar en lugares externos a la escuela misma para adelantar procesos de innovación, investigación, escritura y reflexión pedagógica.

El alcance en la producción de saber ha sido un proceso continuo y permanente ya que no está sujeto solo a una propuesta o convocatoria investigativa, sino al mismo proceso de formación permanente y al ejercicio profesional que trae el reconocimiento de nuevas necesidades, y reordenación de ideas que en cada encuentro aportan al desarrollo de una actitud y práctica investigativa de los integrantes.

Compartir con pares académicos es una dinámica que construye puntos de encuentro alrededor de intereses y búsquedas comunes, enriqueciendo la cotidianidad de la escuela con el aporte del colectivo. Pero además, fortalece la pertenencia y la simpatía características del accionar del trabajo en equipo mediante las cuales se consolidan los vínculos afectivos, el respeto, la escucha, reflexión, la crítica constructiva y los acuerdos, encaminados a conquistar objetivos comunes.

El trabajo en equipo se ha convertido, en sí mismo, en una experiencia de formación de maestros, de autoformación y cualificación que le permite al maestro construir y deconstruir miradas y sentidos frente a cada temática, reto, evento, propuesta de socialización o investigación que se aborda, en el cual cada quien hace parte del gran engranaje y aporta posibilitando la satisfacción del trabajo conjunto.

10. Comunicación

El trabajo en equipo requiere del establecimiento de unos canales efectivos, claros y compresivos de comunicación a fin de lograr con facilidad colocarse de acuerdo, cooperar, asignar roles y tareas con base en los potenciales singulares, coordinar acciones y crecer colegiadamente en la producción de un saber escolar y pedagógico que no desconoce las elaboraciones epistemológicas realizadas por las comunidades académicas y científicas. La comunicación es el medio para dar a conocer el bagaje conceptual, dominio experiencial, los puntos de vista, las inquietudes, las innovaciones, investigaciones, experiencias pedagógicas y proyecciones sociales de cada uno de los maestros que intervienen en el trabajo en equipo y que se visibilizan en los encuentros.

Consecuencia de esto, la comunicación efectiva entre los maestros que trabajan en equipo se torna fundamental, pues permite comprender lo que cada maestro expresa. Para ello es necesario escuchar al otro cuando interviene, contradecir con argumentos y formular acciones de mejoramiento cuando se consideren esenciales.

Dichas situaciones y condiciones se logran en la medida en que se comprende que los maestros son sujetos de comunicación que emplean este canal como un proceso básico que permite el intercambio de información y la manifestación de emociones, por tanto, debe ser una comunicación transparente, sincera e intencionada a resolver conflictos y plantear alternativas de solución a los problemas y dificultades que se presenten. La comunicación hace posible el desarrollo de otros procesos grupales centrados tanto en la tarea (toma de decisiones) como en el equipo (relaciones interpersonales), pero además, la delimitación de funciones y responsabilidades.

11. Ejercicio voluntario del maestro

Trabajar en equipo es un ejercicio voluntario que implica la responsabilidad de asumir unos compromisos, de responder a unas tareas y actividades propuestas. No obedece a la imposición de alguna institucionalidad, voluntad política, sujeto gubernamental o normatividad, sino al deseo y la pasión del maestro por querer hacer algo distinto a lo convencional en sus prácticas de enseñanza y pedagógicas.

La actitud personal es uno de los factores que moviliza el trabajo en equipo entre los maestros, en la medida en que se constituye en esa disposición necesaria para enfrentar los compromisos y el trabajo a ejecutar, que se traduce en la proposición de ideas, rutas metodológicas y definición de acciones de intervención, pero además, en actitudes de cooperación, aprendizaje y ayuda mutua, en el saber cómo actuar frente a un conflicto y formular acciones de resolución. La actitud es el motor de un clima organizacional adecuado y armonioso para el trabajo en equipo entre los maestros, así como, para el mantenimiento de la cohesión y la estructura del equipo.

De la actitud personal de los maestros frente al trabajo en equipo depende la existencia de una participación efectiva en la toma de decisiones, que han de ser colectivas y consensuadas, la realización y materialización de las ideas plasmadas, como también, la asignación de roles y responsabilidades, y por supuesto, la conformación y mantenimiento de un colectivo de maestros.

12. Escenario para compartir

Como se ha visto, el trabajo en equipo es una estrategia que posibilita el encuentro con los demás maestros interesados, entre otras cosas, en producir conocimiento sobre las realidades que afectan a la escuela y a la educación. Dicha producción de conocimientos de carácter epistemológico y metodológico permiten apropiar elementos que favorecen el aprendizaje y la enseñanza acerca de los procesos de investigación, que en gran medida, deviene en la formulación de estrategias enfocadas a la transformación y mejoramiento de las prácticas pedagógicas de los maestros. En el encuentro colectivo de los maestros, además de posibilitarse las condiciones para que se suscite el trabajo en equipo, se favorece el intercambio de experiencias, compartir conocimientos, establecer lazos de amistad y confianza, expresar las preocupaciones e inconformismos. El trabajo en equipo impulsa el encuentro de los maestros con una diversidad pedagógica favoreciendo la construcción de lo colectivo y la posibilidad de constituir equipos de trabajo.

Adicional a lo mencionado, entre las ventajas de impulsar el trabajo en equipo de los maestros se destacan:

a) Posibilitar la exposición de diversas ideas, alternativas y maneras de proceder frente al análisis de una situación educativa y escolar a fin de enriquecerlas, confrontarlas y validarlas.

b) Permitir el establecimiento de conexiones de los maestros a través de la socialización de sus experiencias, prácticas y proyectos pedagógicos.

c) Impulsar el encuentro a fin de vincularse e identificarse colectivamente para buscar alternativas frente a las problemáticas escolares y educativas.

d) Implicar un compromiso con la toma de decisiones y comprender que el ejercicio reflexivo es un efecto de la deliberación de los maestros.

e) Favorecer un análisis colegiado de problemas comunes que convocan y afectan a los maestros.

f) Contribuir en la transformación del estatus del maestro en términos de reconocerlo como productor de saber, investigador y transformador de la enseñanza en el aula.

g) Involucrar procesos de interacción subjetiva, aprendizaje constante y socialización del trabajo pedagógico.

h) Reconocer el conflicto en los encuentros colegiados es una situación de aprendizaje y de producción de conocimiento pedagógico.

i) Apoyar las reflexiones colectivas como fundamento para enriquecer el campo conceptual de la pedagogía.

Capítulo IV
Logros, alcances y producciones del trabajo en equipo

Es importante resaltar que en los encuentros en los que se posibilita esta forma de interacción grupal, se permite orientar, estructurar, dinamizar y movilizar la posibilidad de reflexionar y resolver conjuntamente situaciones, así como abordar acciones relacionadas con el acontecer de la educación y la escuela, constituir comunidades de encuentro pedagógico en las que se deliberan los asuntos epistemológicos y didácticos que afectan sus prácticas pedagógicas, las cuales en muchas circunstancias se materializan en la producción de artículos, innovaciones, libros, ponencias o investigaciones que favorecen la consolidación del trabajo del colectivo pedagógico, la construcción de una identidad y la filiación con unas maneras particulares de comprender los asuntos educativos y pedagógicos.

Caracterizar el trabajo en equipo de los maestros significa no solo reconocer los conceptos organizativos que lo constituyen, las orientaciones que los regulan y las propuestas que se elaboran y direccionan para enriquecer las prácticas pedagógicas, sino además, dar cuenta de sus proyecciones, de las metas que se establecen, de los logros a alcanzar y por supuesto, de sus producciones. A continuación se aborda este campo de análisis a fin de destacar otras ventajas del trabajo en equipo.

1. Fortalecimiento de la imagen del maestro como productor de saber

Favorecer el trabajo en equipo de los maestros se relaciona con el reconocimiento del maestro como productor del saber tanto escolar como disciplinar, con lo que se resquebraja la idea del maestro como un simple consumidor y transmisor del saber construido por las comunidades académicas y científicas. Durante mucho tiempo, el maestro ha sido visto como un sujeto que instrumentaliza el conocimiento y lo hace didáctico para ser aprendido por los estudiantes. En el trabajo en equipo este asunto se trastoca, pues se resalta su rol como sujeto político y cultural, un "intelectual de la pedagogía" que reconoce el valor de los discursos elaborados por los académicos, pero que los trasciende o los asume como referentes, junto a las experiencias de su práctica pedagógica, para producir saber distinto. En este sentido, la experiencia pedagógica del maestro se comprende como

> *[...] objeto de narración, pero también como procesos de dilucidación de supuestos, de escritura, de producción de conocimientos, de ensayo o de experimentación. Emergen con ello nuevos conceptos, se proponen otras prácticas y en todo ello se van configurando comunidades de saber pedagógico (Unda, 2002, p. 11).*

Ilustración 14.
Tipos de saberes que produce el maestro

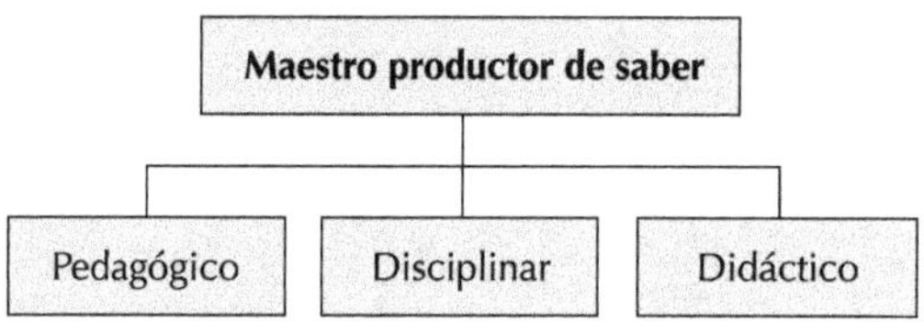

La presentación y socialización de ponencias, artículos, avances de investigación, experiencias pedagógicas, se convierte en una de las actividades más importantes y significativas en la medida en que al socializar las vivencias en el aula, en un ejercicio de sistematización, las experiencias investigativas y realizar acciones de divulgación a partir de sus reflexiones. Con todo ello, se visibilizan los discursos que sustentan y orienta la acción pedagógica, las valoraciones que el maestro tiene sobre su trabajo y relación con los estudiantes, las intenciones académicas, dificultades y obstáculos para llevar a cabo sus propuestas en las instituciones donde laboran, lo que les permite ser reconocidos de diversas formas como maestros innovadores, dinamizadores y constructores de saber pedagógico. Por ende, "la innovación necesita de innovadores. Necesita de personas que se ilusionen, que se identifiquen y se comprometan con un proyecto que introduzca un cambio en sus prácticas habituales" (Marcelo, 2013, p. 30).

Ilustración 15.
Implicaciones de la producción de saber

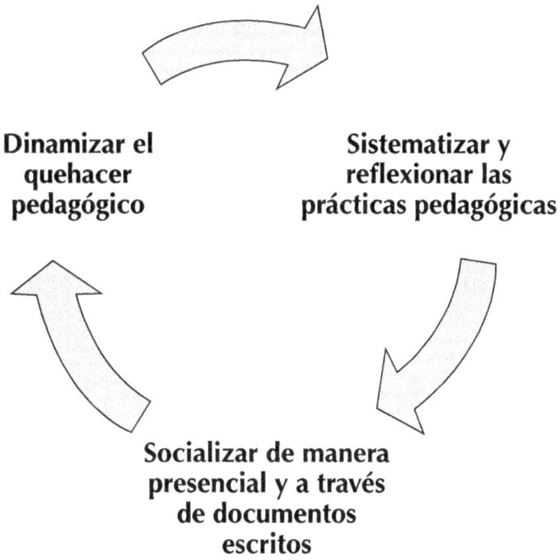

Dinamizar el quehacer pedagógico

Sistematizar y reflexionar las prácticas pedagógicas

Socializar de manera presencial y a través de documentos escritos

Las búsquedas de los maestros en lo pedagógico, disciplinar o en lo didáctico les permiten crear estrategias de trabajo y cualificación de su trabajo en la escuela. Si bien los discursos de cada maestro son diferentes, existen afinidades o puntos de convergencia en los equipos de maestros frente a la temática que se quiere realizar en el seminario y la investigación logran establecer acuerdos, rutas de trabajo y maneras singulares de exploración. El alcance en la producción de saber ha sido un proceso continuo y permanente en estos escenarios, ya que no está sujeto solo a una propuesta o convocatoria investigativa, sino al mismo proceso de formación permanente y al ejercicio profesional de los maestros, que trae a diario el reconocimiento de nuevas necesidades y retos, como la reordenación de ideas que en cada encuentro que aportan al desarrollo de una actitud y una práctica investigativa de los integrantes que redunda en su crecimiento personal y profesional.

A través del trabajo en equipo se satisfacen necesidades en conocimientos, en elaboraciones conceptuales, en desarrollo de habilidades y concreción de experiencias, que permiten dar respuestas inmediatas, efectivas, pertinentes, contextuales, flexibles e innovadoras a los problemas y retos planteados en la escuela, en sus fronteras y en su exterior. La producción de innovaciones está relacionada con "[...] la articulación de las prácticas a los contextos, de tal forma que estos sean objetos de investigación y que reviertan en potenciar al maestro como investigador [...]. También en la formación del maestro como un práctico reflexivo [...]" (Calvo, 2008, p. 77).

Según Gloria Calvo (2008), tanto los colectivos como las redes de maestros son propuestas que están relacionadas con su formación y con el ejercicio pedagógico. A través del trabajo en equipo se integran los maestros y se logran favorecer procesos y acciones de innovación, reflexión, producción académica, publicaciones, socializaciones y divulgaciones en diversos escenarios, entre otras que no se puede desconocer y que redundan en la legitimación de estas formas de trabajo.

Ilustración 16.
Logros del Trabajo en Equipo de los maestros

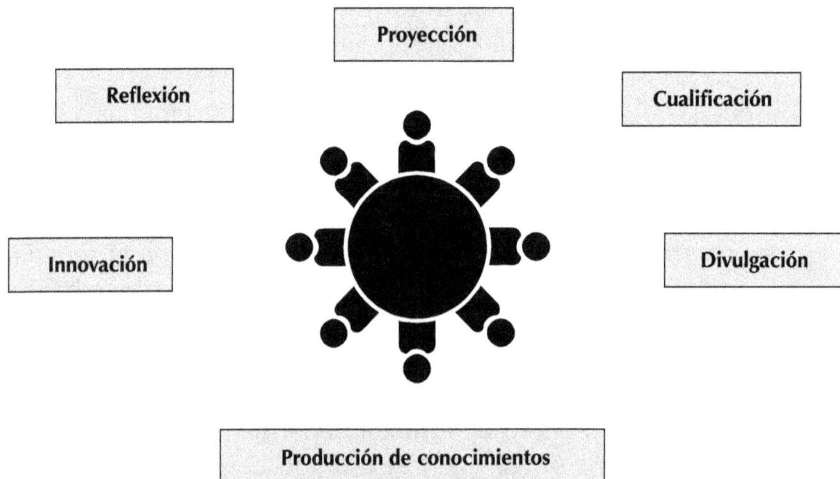

2. Reconocimiento del maestro como par académico

El reconocimiento del maestro como sujeto que valida el conocimiento producido, se logra a través del encuentro pedagógico, instancia en la que los maestros comparten y colocan en juego sus trabajos, experiencias y proyectos realizados en la escuela, develando los fundamentos y perspectivas que los orientan, así como las actividades que formulan, entre otros asuntos. En este escenario de interacción subjetiva los maestros se reconocen como pares académicos con las facultades, potenciales, experiencia y formación necesaria para enriquecer, transformar y legitimar el trabajo pedagógico de otro maestro. Concebir al maestro como uno de los pares académicos que legitima el quehacer pedagógico significa resaltar su valor como sujeto productor de saber, como intelectual que no solo se apropia de unas estructuras, esquemas y teorías producidas en los escenarios académicos y universitarios, sino que también está en posibilidad de producir, alimentar y transfigurar los campos epistemológicos constituidos alrededor de la innovación, la pedagogía, la investigación o la educación.

Es precisamente, con la experiencia de cada uno y la trayectoria pedagógica, que lo realizado por los otros maestros se reafirma, enriquece o reajusta en un espacio de deliberación y negociación que busca realimentar el quehacer pedagógico, relacionándolos "con los problemas que le son propios, sin aislarlo de su práctica ni de su pensamiento sobre la misma, ni de las problematizaciones que ésta le indica" (Unda, 2002, p. 8).

3. Posibilidad de profesionalización docente

Al trabajar los maestros en equipo se configura un ambiente que permite procesos de cualificación y profesionalización en la medida en que se transforman o enriquecen concepciones, se reconceptualiza, se comparten inquietudes, experiencias e intereses y se discuten aspectos relacionados con el campo de la pedagogía. A través de estas reflexiones se conectan e involucran y ponen en juego sus puntos de vista, sus posturas y maneras de comprender los asuntos pedagógicos.

Sin embargo, esta estrategia no solo debe enfocarse a la adquisición de aquellas habilidades y herramientas para mejorar "la enseñanza al interior de las diferentes áreas del conocimiento" (Fundación Universitaria Cafam, 2015, p. 13), pues el maestro en esta perspectiva simplemente reproduce aquellas producciones epistemológicas, didácticas y curriculares formuladas por expertos, sino que se ha de dar apertura a un participación más efectiva, un involucramiento real y activo de los maestros.

El trabajo en equipo se configura como una posibilidad para que los maestros se apropien de elementos, estrategias, enfoques, métodos, instrumentos y técnicas investigativas necesarias para fortalecer los saberes y prácticas y contribuir en la sistematización de experiencias pedagógicas. De este modo, se van constituyendo asuntos propios del trabajo colegiado de los maestros, entre ellos la producción de significados alrededor de categorías como la de ''maestros investigadores y saber pedagógico'', que son dos aspectos que emergen en las deliberaciones de los encuentros pedagógicos, en las reflexiones realizadas en cada uno de los debates, que desde hace tiempo vienen haciendo parte de los asuntos que convocan a los maestros y de los territorios de exploración de las comunidades académicas.

Los diálogos en torno al maestro investigador y al concepto de saber pedagógico son fundamentales en el camino de transformar su estatus y dar apertura a nuevas construcciones de significado sobre la importancia y necesidad de su reconocimiento como investigador, como un sujeto capaz de apropiarse de un andamiaje investigativo para incursionar en la escuela y comprender lo que allí sucede, produciendo una serie de construcciones teóricas y de alternativas de intervención escolar, que han de impactar las políticas educativas y de formación de los maestros en el país.

Cabe acotar que frente a las políticas públicas de formación de maestros, según Gutiérrez (2008), hay ausencia de trabajo en equipo entre los maestros. Los procesos de formación se asumen como proyectos individuales sin incidencias en el colectivo ni en el Proyecto Educativo Institucional de las instituciones escolares. Esta situación es confrontada hoy en muchos escenarios, resaltando las diferentes posibilidades de encuentro en el que se instituyen acciones de formación, en las que el trabajo en equipo se consolida como una estrategia necesaria para enriquecer las dinámicas de las instituciones educativas, pero de manera especial las prácticas del maestro, que en gran medida redundarán en el mejoramiento de los procesos de aprendizaje estudiantil.

Una de las estrategias gubernamentales que décadas atras se promovió para cualificar y enriquecer el quehacer de los maestros fueron los Programas de Formación Permanente de Docentes (PFPD). Dichos programas de formación estaban concebidos para contribuir, además de la cualificación y profesionalización de los maestros, a conformar comunidad académica entre ellos, productora de saber pedagógico, para lo cual se requería que las ofertas de actualización pedagógica trascendieran las necesidades e intereses personales y se orientaran hacia la concreción de los intereses colectivos de los maestros.

Lo anterior significa,

> *[...] pensar un modelo que logre convertir la labor docente en un proceso sistemático de producción de conocimiento, donde se garantice el trabajo en equipo, la socialización de experiencias y de ideas, y la producción de escritos. Se requiere entregarle la responsabilidad de su profesionalización, esto es, creer en él, en su capacidad para decidir y para comprometerse con su oficio (Martínez y Unda, 1995, p. 5).*

Para los maestros es necesario que se reconozca el valor que tienen sus experiencias educativas, ya que a través de éstas se aportan elementos al debate de lo que acontece en la escuela, a su propio enriquecimiento y fortalecimiento, pero también, a la formación del maestro, visibilizándose que una de las rutas para lograr esto, es dejando de lado la condición de insularidad y pasar a formar equipos de trabajo institucionales o que se gesten en las fronteras o fuera de la escuela según los diferentes intereses y necesidades. De este modo se puede enriquecer la formación de los demás profesores, logrando una formación que surge del reconocimiento de ellos mismos aportando a mejorar las prácticas de sus contextos y su desarrollo profesional.

Ahora bien, en el campo del desarrollo y la producción de conocimiento se aportan referentes significativos en la producción de conocimiento pedagógico, pues en gran medida las reflexiones que se susciten en la socialización de experiencias educativas, devienen en producciones escritas que alimentan los campos epistemológico, didáctico o pedagógico, las cuales complementan las elaboraciones realizadas en escenarios académicos e investigativos.

Al interactuar con otras colectividades, las experiencias de los docentes son hitos movilizadores de la construcción del tejido pedagógico y de la creación de nuevos escenarios para la educación en los que se valida el trabajo en equipo como una de las maneras de conseguir lo anterior y como una alternativa de constitución distinta del maestro.

Como una condición preliminar para conformar equipos de trabajo pedagógico es fundamental iniciar con formas de trabajo colegiado, para que a partir de esta vivencia los maestros logren reconocer sus intereses, necesidades, potenciales y capacidades, pero además, lograr la continuidad y permanencia mediante los encuentros periódicos, los estudios recurrentes, las lecturas documentales, la consolidación de una identidad, la adopción de un nombre, la definición de unos objetos de análisis particulares, en fin, de todo aquello que legitima el trabajo colectivo.

Esta forma de trabajo tiene sentido en la medida en que se asuma como una posibilidad de encuentro y reconocimiento de los maestros como intelectuales, fortaleciendo la imagen del maestro como sujeto constructor de saber pedagógico, hecho que a su vez contribuye en el proceso tanto de cualificación de su labor como en la consolidación de la formación en un escenario de encuentro con otros maestros, de la reflexión permanente mediante discusiones, deliberaciones, contrastaciones, validaciones y proyecciones, que se ven reflejadas en la producción de saber, de documentos (ponencias, ensayos, artículos), así como, la materialización de proyectos pedagógicos.

4. Socialización y publicación

Uno de los propósitos del trabajo en equipo es la socialización de experiencias, su sistematización, la comunicación de avances de investigación, y por consiguiente, el deseo de divulgar estos hallazgos en la forma de publicaciones, artículos, ponencias o libros, en revistas que circulen y contribuyan en el mejoramiento de las prácticas educativas de los otros maestros, en las reflexiones pedagógicas y en el enriquecimiento del campo conceptual de la pedagogía. No obstante, para que este proceso se cumpla es necesario reconocer la reflexión pedagógica como una oportunidad de trabajo en equipo, la importancia de la praxis sobre las prácticas pedagógicas y la escritura como una acción que posibilita la sistematización y la plasmación de las ideas. A continuación se describen estas condiciones, que unidas a otras, posibilitan la divulgación de resultados, la proyección del trabajo y la concreción de resultados.

5. La reflexión pedagógica: oportunidad para el trabajo en equipo

Múltiples discursos resaltan al maestro como un sujeto reflexivo de su práctica (praxis) y con ello, exaltan el valor de trabajar en equipo como una condición para reflexionar, plasmar y materializar intereses, necesidades, expectativas y concepciones, que inicialmente son singulares y que se trasforman en asuntos comunes, factibles de explorar, al vincularse en el escenario del trabajo colegiado. En el ejercicio de la reflexión conjunta de los maestros se vincula, por una parte, la generación de hipótesis y conjeturas respecto a las situaciones objeto de estudio e inquietudes correspondientes a la escuela, la educación o la pedagogía, como también, con la posibilidad de establecer relaciones académicas, personales y profesionales, tanto causales como dialécticas, entre diferentes colectivos que posibiliten la apertura a nuevos territorios de exploración, al manejo de lenguajes y métodos distintos y por supuesto, a un análisis más complejo e interdisciplinario de los hechos abordados.

El proceso colegiado y reflexivo de los maestros está en la base de la generación de nuevas ideas, categorías, proyectos y aproximaciones epistemológicas y didácticas y se produce cuando se articulan los procesos cognitivos, prácticos, de gestión y emocionales. Esta reflexión, en su condición de praxis pedagógica, implica el reconocimiento del carácter colectivo de los encuentros para validar posturas, puntos de vista y acciones tanto en el aula como en la escuela en general. Esta dimensión colectiva reclama espacios de trabajo en equipos, tendientes a la reflexión pedagógica, fundados en el respeto mutuo, en la construcción de la confianza y en la consolidación de una identidad colectiva, lo que se articula al intercambio de pensamiento, concepciones e ideas con los miembros del equipo. Es decir, entre los maestros se logran espacios de diálogo abierto y racional en los cuales no solo se expresan opiniones y escuchan a los otros sino que se legitima el trabajo en equipo como estrategia de producción intelectual.

La condición crítica de la reflexión implica colocar en conflicto diferentes visiones sobre un acontecimiento, en la cual los maestros integrantes del equipo tienen que distanciarse, objetivar sus visiones y las de los otros, ponerlas en conflicto, para hacer efectivamente una reflexión crítica. Es sólo esta reflexión crítica la que marca la diferencia entre la opinión y el juicio. En tanto la primera aparece atravesada por lo subjetivo y personal y el segundo por el distanciamiento y la objetivación. Como parte de esta reflexión los equipos de maestros logran realizar ejercicios escritos sobre sus prácticas, intereses, situaciones que inquietan y las plasman en ponencias, artículos, libros entre otros.

En relación con las prácticas pedagógicas que se comparten, enriquecen y legitiman en los encuentros de trabajo colegiado, son interesantes los aportes hechos por Camargo y otros (2009) en su documento "La formación de profesores en Colombia: necesidades y perspectivas", en el que se describe el papel fundamental del maestro en el ejercicio de plasmar prácticas pedagógicas innovadoras que trastoquen el acontecer escolar. Se reconoce al maestro como un actor fundamental del proceso educativo, sobre quien descansa la producción, validación y la reconstrucción del conocimiento, lo que permite al sujeto que aprende y se forma relacionarse con el legado de la humanidad y desarrollar las comprensiones que la transformación de las sociedades demanda.

Agregan los autores, que un aspecto importante en el proceso de cualificación del maestro, además de la apropiación de las disciplinas, del saber pedagógico y de la práctica pedagógica, se relaciona con la capacidad de articular la teoría con la práctica en la definición de propuestas de intervención escolar, proyectos e innovaciones, en donde el trabajo en equipo se constituye en un escenario para lograr este propósito y en el espacio de formación para mejorar la práctica educativa, lo que implica pasar de una práctica aislada a un trabajo que se caracterice por el diálogo y la discusión profesional, de modo que se generen equipos responsables por la marcha del proceso pedagógico e institucional.

> *[...] los maestros son por definición los protagonistas principales del cambio educativo; sin su compromiso este acontecimiento no es posible. Los maestros están detrás de los principales factores que lo dinamizan. Son los actores de las prácticas pedagógicas innovadoras, con sus experiencias y reflexiones, quienes propician la aparición de nuevas teorías pedagógicas, el descubrimiento de nuevos modelos y métodos pedagógicos y la concepción de nuevas políticas y reformas educativas (Rodríguez, 2000, p. 88).*

En consecuencia, se hace necesaria la incorporación de una política educativa orientada hacia la formación de maestros que exalte su reconocimiento como sujetos productores de saber pedagógico que pueden constituir e integrar una comunidad académica, pero además, que destaque el valor del trabajo de equipo en la consecución de este propósito.

6. La escritura

Uno de los aspectos significativos en el proceso de construcción del saber pedagógico en escenarios de trabajo colectivo lo constituye la escritura de la práctica de los maestros, que se traduce en el proceso de sistematización de la misma. En la escritura se ponen en juego las concepciones de los maestros que interactúan en el trabajo colegiado, es allí donde se articulan la reflexión sobre las prácticas educativas y los discursos con las teorías producidas en el campo epistemológico y pedagógico, para producir en la articulación de estos dos elementos nuevos conceptualizaciones, maneras de proceder en el aula, de innovar e investigar, de comprender el acontecer escolar y de resignificar el estatus de los maestros y de sus prácticas educativas.

En consecuencia, se está frente al desafío de generar una tradición de escritura de la práctica pedagógica por parte de los maestros ya que ante la ausencia de la escritura se desconoce el reconocimiento claro y explícito del oficio de enseñar y su posibilidad de reconocimiento como sujeto constructor de saber, precisamente, dar cuenta de la práctica educativa y de la acumulación de saber pedagógico escrito por maestros permite visibilizar el modo como operan la escuela, la pedagogía y la educación en un determinado momento.

Ahora bien, si los maestros focalizan sus reflexiones y los plasman en forma escrita y sistematizada en artículos para revista, ponencias u otros documentos, es factible que se produzca un material para publicar en el que se den a conocer los aportes en relación con saber pedagógico, didáctico, disciplinar y la innovación e investigación, permitiendo con ello la apropiación del saber de los maestros como complemento de los conocimientos producidos por la comunidad académica y científica.

Ilustración 17.
Asuntos relacionados con la Socialización y Publicación de las producciones del Trabajo en Equipo de los maestros

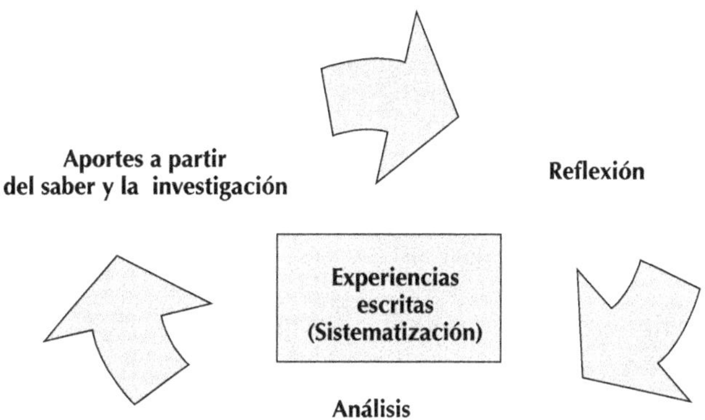

En resumen, la producción escrita de los maestros en equipo es fundamental para dilucidar sus pensamientos y modos de actuación, para dar cuenta de lo que sucede en cada encuentro, que visibiliza los niveles de profundización y hallazgos realizados en cada momento, que pueden también convertirse en rutas alternativas de exploración pedagógica, en nuevos campos de exploración investigativa que articulan problemas de conocimiento distintos o en maneras de leer lo que ocurre en la escuela.

7. Reconocimiento de otras instancias

Al trabajar en equipo, los maestros no se quedan solamente reflexionando su quehacer pedagógico o abordando un tema en específico que los convoca, pues existen otros asuntos que los movilizan, como el hecho de socializar su experiencia educativa. En este sentido, se resalta el trabajo realizado por instancias como el Instituto para la Investigación Educativa y Desarrollo Pedagógico (IDEP), por las universidades y organizaciones preocupadas por los asuntos educativos, pedagógicos y en relación con el apoyo a los procesos de reconocimiento a través de la sistematización de experiencias pedagógicas orientadas por maestros o grupos académicos o pedagógicos. Se comprende que en el reconocimiento de lo que el maestro concibe y hace, en particular en la investigación e innovación, se configura un sujeto distinto, un intelectual, y se amplía, profundiza y transforma su mirada sobre la educación y la pedagogía, es más, se reinventan sus prácticas educativas y sus entornos. Basta evocar a los maestros del Movimiento Pedagógico Nacional, a los Maestros Expedicionarios, a aquellos que participan en redes, equipos y colectivos para constatar que es factible constituir un maestro distinto en mediante el trabajo colegiado, pues en este encuentro se edifican maestros que están comprometidos con la transformación de la escuela y con el enriquecimiento de los campos disciplinares y conceptuales de la pedagogía.

En los últimos años se ha venido realizando una serie de estados del arte, auspiciados por el IDEP, en los que frente a la investigación educativa y pedagógica se resalta:

— La investigación pedagógica adelantada por los maestros abrió posibilidades a la escritura sobre el saber y su hacer específico a partir del análisis de las prácticas de enseñanza de las áreas disciplinares y amplió el marco de comprensión de lo pedagógico.

— La investigación se realiza bajo diferentes modalidades (reflexión colectiva, sistematización de experiencias, investigación de aula) orientada al mejoramiento de la calidad de la educación (Martínez y Ramírez, 2007, p. 65).

En estos documentos se destaca que los maestros analizan su propio quehacer con la intención de hacer ajustes y nuevas propuestas. Se convierten en sujetos autoobservadores de lo que sucede en el aula con el aprendizaje y con las relaciones personales. Constantemente se cuestionan, hacen praxis, trasforman e implementan nuevas estrategias e intentan replicar en otros espacios educativos sus experiencias pedagógicas a fin de validarlas. También reflexionan sobre lo que ocurre en la escuela en general, en las políticas y conceptualizaciones que la fundamentan.

Capítulo V
CERO (Convocar, Establecer, Regular, Obtener): elementos orientadores para el trabajo en equipo de los maestros

A continuación se plantean los principios que fundamentan una alternativa que busca no solo reacondicionar las formas de trabajo y de organización de los maestros en la escuela en particular, sino constituirse en una apuesta a considerar para iniciar y establecer el trabajo en equipo

Dicha alternativa se denomina CERO y articula cuatro acciones, *Convocar, Establecer, Regular* y *Obtener*, que los maestros pueden tener en cuenta al momento de iniciar sus procesos singulares de trabajo en equipo.

Convocar se relaciona con aquellas acciones que formulan los maestros (o un maestro en particular) para atraer a los interesados e interesar a otros en constituir colectividades preocupadas por fortalecer el trabajo intelectual de los maestros, su cualificación y profesionalización, en espacios alternativos a los universitarios, escolares u otros, en donde se analiza, cuestiona y proponen acciones en relación con todo lo que sucede en el aula y en la escuela. La convocatoria implica un proceso de encuentro participativo en el que voluntariamente los maestros se reúnen de manera periódica e intencionada para develar sus concepciones, prácticas, deseos, inquietudes, necesidades e intereses en relación con un campo disciplinar, pedagógico, didáctico, escolar o educativo.

Establecer implica aquellas acciones orientadas a instaurar y consolidar no solo a la colectividad misma de maestros, sino también a las ideas que le subyacen, sus tendencias, campos de estudio, la identidad que los caracteriza y reconoce de un modo particular y les permite concretar escenarios de exploración pedagógica, didáctica, disciplinar y educativa. Es la manera como se instala el trabajo en equipo (y sus producciones y hallazgos) dentro de las comunidades pedagógicas y académicas obedeciendo a unas concepciones, tendencias, deseos o necesidades particulares de los maestros que interactúan.

Regular significa recoger las tareas que se plantean a fin de realizar ajustes o adecuaciones a la estructura y organización del trabajo en equipo, que impactan las dinámicas, la convivencia y las interacciones que se promueven y que implican la determinación de unos acuerdos que facilitan su funcionamiento. La regulación significa el establecimiento de un conjunto de compromisos y normativizaciones en beneficio de la estructura y de la producción del trabajo colegiado, de su constitución y de su proyección, con lo que se busca garantizar una participación efectiva de cada uno de sus integrantes y evitar la desintegración de las colectividades conformadas.

El *Obtener* se refiere a las materializaciones, producciones y elementos elaborados por los maestros, producto de las reflexiones e intervenciones del trabajo en equipo y acordes con sus tendencias, intereses y problemáticas identificadas. Pero también a las acciones que se definen y emprenden para alcanzar los objetivos establecidos, significa el establecimiento de unas metodologías y rutas de acceso a aquello que se requiere para conseguir lo que se propone al interior del trabajo en equipo.

De este modo, CERO se introduce como una apuesta hecha por maestros para el conocimiento de otros maestros interesados en iniciar procesos de trabajo colegiado. Es en síntesis un intento por formular ideas y prácticas para impulsar el trabajo en equipo de los maestros, a través de las cuales se podría pensar en introducir en la escuela algunos elementos que contribuyan a reemplazar las estructuras rígidas instaladas por unas más flexibles que favorezcan el encuentro con el otro para adelantar trabajos colegiados, con lo que se pretende favorecer el encuentro pedagógico y la reflexión del quehacer educativo.

Ilustración 18.
Elementos constitutivos de la propuesta CERO

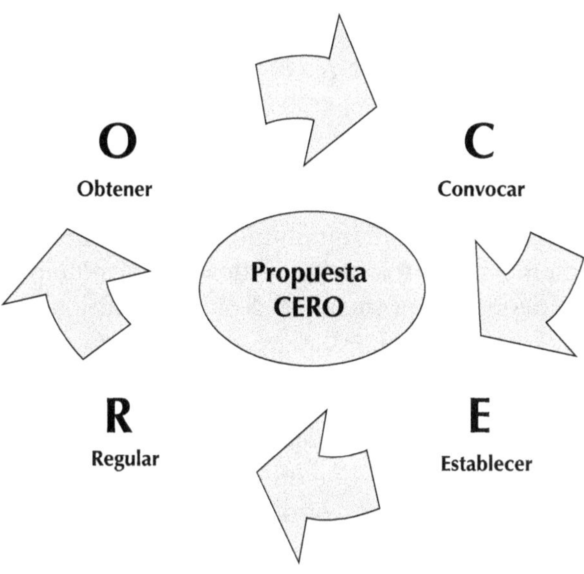

Después de escuchar a muchos de los maestros sobre sus deseos, necesidades e inquietudes respecto a cómo trabajar en equipo, queremos proponer la alternativa CERO, una ruta para orientar procesos de trabajo colegiado entre maestros, que tiene en consideración las condiciones históricas contemporáneas, las exigencias y desafíos para la escuela, así como la complejización de las tendencias mundiales en relación con la educación y la pedagogia, que han hecho que la escuela se movilice hacia la constitución de nuevas subjetividades e incorporación de enfoques, territorios, métodos, estrategias e incluso lenguajes, pertinentes con los requerimientos actuales, con las políticas educativas instaladas, con las tendencias globales y las necesidades en los territorios donde se impacta, que consideran fundamental propiciar el trabajo en equipo entre maestro como condición que contribuye en el alcance de la excelencia y la calidad en la educación.

1. Convocar

Son aquellas gestiones que se ejecutan para llamar e invitar a los maestros a constituir un equipo de trabajo colectivo, como un escenario orientado a debatir los asuntos escolares, pedagógicos, disciplinares, didácticos y educativos en unos espacios determinados y en unos tiempos acordados, agendados e instaurados. La asistencia, en la forma de sesiones de encuentro periódicas, significa el establecimiento de unos compromisos y responsabilidades individuales (lecturas, búsquedas documentales, sistematización, etc.) previas al conocimiento de los propósitos, intenciones y deseos que fundamentan, enriquecen y se dinamizan en el trabajo en equipo. De allí, la importancia de ser muy específicos en saber a quién se convoca, con qué objeto, en qué tiempos, en qué lugares y en qué condiciones de participación hará parte del trabajo colegiado.

La convocatoria se convierte en un momento fundamental en el que se invita a ciertos maestros, de acuerdo a unos requerimientos, exigencias, afinidades, propósitos o necesidades particulares, para que sean parte de una colectividad, a desarrollar las acciones para constituirse en un espacio de interacción subjetiva en el que se discuten asuntos de interés común. Para lograrlo es imprescindible tener claridad respecto a los propósitos tanto generales como particulares con los que se convoca y con los que orientan al trabajo colectivo, ya que ello, no solo cautiva a los maestros sino que le da su identidad, los elementos de cohesión, de permanencia, y por supuesto, su propia historia. Esto implica, según Santiago y otros (1999), una revisión permanente de las actividades, de las acciones, de los productos e intervenciones que se realizan en y con el trabajo en equipo, para reconstruir y evaluar el alcance de dichos objetivos con base precisamente, en esos logros establecidos y conseguidos.

Al momento de la convocatoria los maestros han de tener en cuenta la importancia de expresar las condiciones en las que se efectuarán los encuentros, la adopción de responsabilidades y compromisos, y la necesidad de asumir ciertos roles para lograr con ello un desempeño eficaz e interdependiente en beneficio del trabajo mismo, sin olvidar que al momento de sesionar se ha de distribuir la forma como se van a establecer las relaciones y tareas, como por ejemplo, quién modera, quién realiza el acta, cómo es la forma de intervención, entre otras. Es fundamental que la convocatoria sea insistente, disciplinada y en tiempos no tan distantes y durante un tiempo considerable, acercando a la mayor cantidad de maestros comprometidos e interesados por ser distintos y hacer de la escuela algo diferente a lo establecido.

Para convocar a otros maestros es fundamental:

a) Establecimiento de una agenda clara de reunión

b) Establecer objetivos claros

Establecimiento de una agenda clara de reunión

Para que el trabajo en equipo sea factible es necesario el establecimiento de una agenda clara y posible. En muchas ocasiones la poca claridad en las acciones a adelantar durante los encuentros produce que las reuniones entre los maestros se reduzcan a la realización de asuntos operativos, desgastando el trabajo y se vuelva improductivo quedando la sensación de frustración y de no haber producido algo. Al respecto, Espot y Nubiola (2006) señalan que en ocasiones en el trabajo en equipo de los maestros suele aparecer:

> *El sentimiento de haber perdido el tiempo [...] cuando el trabajo en equipo se reduce única, o prioritariamente, a un montón de tediosas reuniones en las que uno o más asistentes hablan sin parar, de forma improvisada y reiterativa, y a menudo sin respetar el turno de palabra y saliéndose del tema que es objeto de la reunión. Son reuniones en las que ha fallado su preparación, y no se ha cuidado suficientemente su desarrollo (p. 199).*

En la medida en que haya claridad sobre la agenda, la reunión no se dispersará y asumirá una condición para la que no fue planeada y convocada, pues se podría correr el riesgo de que algunos de los miembros participantes tomen la decisión de desistir o renunciar al trabajo formulado.

Establecer objetivos claros

Debe haber claridad respecto a los objetivos que se establecen, los cuales por lo general giran en torno a los problemas y necesidades educativas y por supuesto, a las acciones que se formulan para intentar resolverlas. El establecimiento de unos objetivos comunes se convierte en una estrategia de cohesión y significa claridad respecto hacia donde se orienta el trabajo en equipo. La claridad frente a los objetivos permite enfocar las acciones de intervención hacia una meta común y cada uno de los esfuerzos singulares de los maestros se dirige justamente a la consecución de los mismos. Así la mediación coordinada en el camino de lograr unos objetivos, se convierte en una de las acciones que facilitan la obtención de los propósitos, el crecimiento del trabajo y la creación de nuevas rutas y objetivos.

2. Establecer

Es la posibilidad de constitución y consolidación del trabajo en equipo, que se puede materializar en distintas formas de grupos como las redes, colectivos, equipos, grupos, pares académicos, entre otros. Es la forma cómo se gestan, movilizan y dispone el trabajo en equipo, que implica la adopción de unas tendencias y posturas frente a la educación y la pedagogía que se vivencian y enriquecen con cada lectura documental, con cada reflexión que se suscita en los encuentros, pero que además, se materializan en sus innovaciones, proyectos, escritos e investigaciones. Estas acciones buscan constituir la colectividad a través de los encuentros en los que se expone, reflexiona y analiza aquello que inquieta a los maestros convocados y en estos encuentros avanzar en el reconocimiento de las potencialidades, fortalezas y debilidades de sus miembros, y que la cooperación y la colaboración sean las estrategias que motivan y fortalecen precisamente, el establecimiento de la colectividad.

Los maestros trabajando en equipo tienen la oportunidad de consolidarse como una comunidad académica y pedagógica en la que es factible producir y crear el conocimiento en distintas situaciones, esto los convierte en sujetos constructores activos, con experiencia en los campos pedagógicos, educativos, sociales y culturales, pues el trabajo en equipo es una manera más para garantizar su cualificación y el mejoramiento de sus prácticas educativas en el camino de aportar a la calidad educativa.

Pero además de lo anterior, se constituye un maestro distinto, con unas condiciones, habilidades, conocimientos, valores y desempeños singulares, los cuales se desarrollan o potencian en el escenario del trabajo en equipo. Al respecto, Díaz y Salas (2008) mencionan que entre los desempeños que se fortalecen en un trabajo efectivo de equipo son la comprensión de los hechos, los procedimientos conductuales y cognitivos y los componentes afectivos, referidos correspondientemente a las competencias Conocimientos, Habilidades y Actitudes (CHA). Si el maestro aprende a trabajar en equipo, allegaría nuevos aprendizajes cualificándose profesionalmente, a través de la interacción con su equipo y a las tareas que realizan, que caminan en comunión con las habilidades ejercidas en la intersubjetividad.

En consecuencia, es primordial trascender las reuniones convocadas para conocerse y definirse en las fortalezas y capacidades de cada uno de sus miembros, a aquellas reuniones con cierto carácter de compromiso, ya que lo que se discute, acuerda y organiza en esta primera etapa permite que cada uno de los convocados se disponga para cooperar e intercambiar ideas, se adapte a las dinámicas y personalidades de cada uno de sus miembros, se identifique y se sienta plenamente comprometido con el trabajo en equipo.

Para establecer con otros maestros es necesario considerar:

— Generación de una identidad

— Una mirada colectiva sobre el ser del maestro

— Establecimiento de formas de relación no jerárquicas

— Asignación de roles y tareas

Generación de una identidad

Entre los elementos que contribuyen a la creación y consolidación del trabajo en equipo se encuentra la afinidad de los maestros con aquello que se comparte, con los intereses comunes, así como, la congruencia con los objetos de estudio abordados, con el deseo de ahondar en la apropiación de enfoques de investigación, con la necesidad de reflexionar las distintas maneras de comprender la educación y la escuela. Todo lo anterior deviene posteriormente con la constitución de un equipo de trabajo definido, con unos roles, unos campos de trabajo, unas intenciones y unas formas particulares de describir el acontecer pedagógico, que los identifica y diferencia respecto a otras modalidades de agrupación de maestros.

Una mirada colectiva sobre el ser del maestro

Cuando se trabaja en equipo es fundamental considerar que en este ambiente se generan "asociaciones heterogéneas" (Fuentes y otros, 2003, p. 25), en que las que cada uno de sus miembros posee su propia personalidad como sujeto, adoptando una serie de roles que les permiten expresar sus emociones y sentimientos, así como, conductas sociales de relación. El maestro al vincularse en las dinámicas del trabajo en equipo ha de comprender la importancia de concebirse como una singularidad que se sumerge en lo colectivo para constituirse de un modo distinto, lo que implica no solo reconocer la importancia de la asignación de tareas, asumir responsabilidades y compromisos, también debe disponerse para trabajar con los otros.

La propuesta CERO es un intento por presentar a los maestros una manera de afrontar los retos de la escuela, la educación y la pedagogía, por tanto, no es un recetario de instrucciones a seguir, sino una ruta para lograrlo, pues los maestros son diferentes respecto a sus inquietudes e intereses, y además, los contextos y las dinámicas son distintas en cada lugar y muchas cuestiones se quedarán por fuera en la estructuración de la proposición, la cual es factible de ser no solo enriquecida sino debatida. Lo fundamental es resaltar la importancia del trabajo en equipo de los maestros como condición de su profesionalización y del mejoramiento de los procesos educativos en la escuela.

Establecimiento de formas de relación no jerárquicas

El trabajo en equipo se orienta a resquebrajar las relaciones lineales y verticales fundamentadas en que alguien lidera y orienta a su parecer los asuntos de los maestros reunidos, también trastocar antiguas formas de relación para permitir la construcción y cohesión colectiva, en esta medida se fortalece el trabajo colegiado entre iguales, lo que significa trascender la simple colaboración para trabajar en común. Para alcanzar este propósito es fundamental establecer unas normas respecto a los modos de participación y con ello afianzar los lazos de confianza de los integrantes, reconocer que no existe la autoridad o dominio por parte de alguno de los maestros sino que, por el contrario, la toma de decisiones y el trabajo en equipo implica unas relaciones no jerárquicas en las que todos los maestros integrantes del trabajo participan eficazmente y comunican asertivamente sus puntos de vista.

Asignación de roles y tareas

Para asignar los roles y tareas es fundamental reconocer los potenciales individuales de los maestros que participan del equipo y con base en ello delegar funciones y asumir responsabilidades, definir las acciones a adelantar en favor de los objetivos planteados.

Para Albericio (2005), en el trabajo en equipo la función describe las responsabilidades que asume cada maestro respecto a lugar que ocupa dentro de la organización y el rol como el modo como desempeña la función. En este caso, la tarea se define como la realización de un trabajo en un tiempo y condiciones determinadas en una acción conjunta y complementada. Algunos otros de los roles, según Benne y Sheats (1948), citado por Fuentes y otros (2003), que se pueden presentar en el trabajo en equipo son los roles *relativos a la tarea*, al *mantenimiento de la vida colectiva* y *roles individuales*. Los primeros rolesincluyen aquellos que proponen ideas, rutas de trabajo y alternativas frente a las metas propuestas, a los problemas o a los requerimiento del trabajo mismo, convoca, cita a las reuniones, coordina las acciones e informa de los compromisos, entre otras acciones.

Los roles de mantenimiento del trabajo en equipo son aquellas actitudes dirigidas a "mantener la moral del grupo, de reducir los conflictos y de asegurar la participación de todos (estimulador, mediador y protector respectivamente) y, por otro lado, los preocupados por el valor del grupo y por la interpretación de los fenómenos colectivos" (Fuentes y otros, 2003, p. 51).

Los roles individuales que pueden aparecer son:

— El dominador, que intenta controlar la reunión

— El dependiente, que se deja llevar.

— El «amante del prestigio», que busca hacerse notar.

— El «hombre que se relata». Expresa sus sentimientos, ideas, historia, etc., sin relación con los problemas de grupo.

— El «abogado de los intereses particulares», que habla en nombre de un colectivo estereotipado con el que se identifica.

— El «playboy». « (...) alternativamente negligente y cínico, que exhibe una perfecta indiferencia hacia las preocupaciones de los demás» (Fuentes y otros, 2003, pp. 52-52).

3. Regular

Implica las acciones que ejecutan los maestros con el fin establecer los acuerdos necesarios que faciliten la convivencia del colectivo agrupado, la resolución de los conflictos, la consecución de las tareas, la organización del trabajo, el logro de los objetivos, así como, las labores orientadas a delegar las funciones y responsabilidades.

La regulación se relaciona con la cultura organizativa y significa comprometerse con las obligaciones adquiridas dentro de la colectividad, clarificar los canales de comunicación, la forma de reunirse para compartir y discutir las ideas, la forma de tomar decisiones y la adopción de los conductos que contribuyen en la negociación y el consenso, todo ello, respecto a un proyecto colectivo cuya intención se traduce en la elaboración productos de innovación, creación y que laboralmente sean posibles introducir en la escuela y el aula para transformarlas e impactarlas.

Son los integrantes del trabajo colegiado quienes crean sus propios mecanismos de regulación, precisamente por la cercanía, las percepciones y el conocimiento que tienen los unos de los otros y por las características del trabajo, de los conceptos acordados que redundan en la consecución de sus metas. Para regular en las dinámicas del trabajo en equipo de los maestros es esencial:

a) Establecer conjuntamente normas y acuerdos

b) Respetar y cumplir lo acordado

Establecer conjuntamente normas y acuerdos

Uno de los aspectos fundamentales para regular los comportamientos, actitudes y las relaciones de los maestros es el establecimiento de las normas y acuerdos que se requieren para convivir y generar ambientes armoniosos de trabajo, pues a través de ellos se limita el abuso del poder, se aprenden a mediar (o automediar) los conflictos, a confrontarlos y en lo posible resolverlos apropiadamente sin recurrir a actos que afecten al otro, pues el conflicto es un escenario de aprendizaje para los maestros.

Respetar y cumplir lo acordado

Una vez concertadas las normas y acuerdos que determinan el funcionamiento del trabajo en equipo, los maestros se comprometan en su cumplimiento, de esta forma se garantiza la convivencia, la construcción de la confianza, la regulación, el respeto por los puntos de vista, concepciones y tendencias distintas, la proyección y constitución del trabajo en equipo como una manera de proceder en la escuela.

4. Obtener

Hace referencia tanto a las propuestas y producciones intelectuales de los maestros como al lugar que ocupa el equipo frente a la comunidad académica y pedagógica, efecto de la divulgación, comunicación y socialización de esas elaboraciones conceptuales, didácticas e innovativas que devienen en documentos y prácticas pedagógicas significativas tendientes a configurar unas relaciones y una escuela distintas. El trabajo en equipo es una mediación que posibilita la obtención de reconocimientos y productos intelectuales, como también el surgimiento de innovaciones educativas de los maestros, unido al hecho de intentar "romper con la rigidez de los programas e introducen transformaciones en sus prácticas pedagógicas" (Martínez y Unda, 1998, p. 8).

Cada uno de estos intentos por innovar educativamente y transformar las prácticas pedagógicas significa para los maestros el reto de producir documentos y materiales factibles de divulgarse a otros maestros, que del mismo modo, están interesados en transfigurar el acontecer escolar y educativo. Sin embargo, en muchas ocasiones el trabajo en equipo de los maestros se ve afectado por

> *[…] la escasez de confianza entre los miembros del equipo, la falta de un líder en el grupo, la ausencia de claridad en los objetivos, la inexistencia de una comunicación adecuada o de un diálogo ordenado en el que se escuche suficientemente y se respete el turno de palabra (Espot y Nubiola, 2006, p. 200).*

En consecuencia, para obtener con otros maestros es imprescindible tener en cuenta:

a) Responsabilidad y autonomía

b) Capacidad de gestión y decisión

c) Disposición para producir conocimiento con otros maestros

Responsabilidad y autonomía

Cuando el trabajo en equipo permite que las responsabilidades y las funciones se deleguen, se favorece una mayor autonomía del grupo respecto a los objetos de estudio, de las intenciones y deseos que los convocan, pero a la vez implica un mayor compromiso respecto a las obligaciones que se adquieren. El trabajo en equipo se constituye en un espacio para que los maestros aumenten su autoestima y auto concepto, en la medida en que son escuchados por otros, reconocidos como sujetos de conocimiento y tenidos en cuenta para la producción de saber.

Capacidad de gestión y decisión

Al constituirse el trabajo en equipo como un modo voluntario de afrontar los retos y reflexiones en la escuela por parte de los maestros implica un gran compromiso para gestionar los recursos para mantener y proyectar el trabajo, pero también implica una responsabilidad respecto a las decisiones que se tomen en general en beneficio del trabajo realizado colegiadamente.

Disposición para producir conocimiento pedagógico con otros maestros

Una de las actitudes que los maestros deben asumir al momento de trabajar con otros, es la disposición no solo a trabajar colectivamente sino a rastrear documentos que contribuyan al enriquecimiento disciplinar, pedagógico y didáctico de las prácticas de los integrantes. Esta actitud y posibilidad de construir conocimiento pedagógico con otros maestros significa además, la f posibilidad de publicar, colectivizar y difundir ese conocimiento producido y transfigurar el estatus académico, pedagógico y social del maestro.

Referencias Bibliográficas

Aguilar M, J. E. y Vargas M, J. E. (2010). *Trabajo en Equipo. Asociación Oaxaqueña de Psicología A.C.* México. Recuperado de http://www.conductitlan.net/psicologia_organizacional/trabajo_en_equipo.pdf

Albericio H, J. (2005). *El trabajo en equipo: Equipos de profesores.* En El profesorado y los retos del sistema educativo actual. Ministerio de Educación y Ciencia. Recuperado de https://books.google.com.co/books?id=pQsxhVqbuTsC&pg=PA103&lpg=PA103&dq=albericio+el+trabajo+en+equipo+de+profesores&source=bl&ots=tdTlWX1XAm&sig=RxSckY_mWDPo7rsyZNZShmJKc9Y&hl=es&sa=X&ved=0ahUKEwi-4KSZ__jLAhUFPRoKHWjTCJUQ6AEIGjAA#v=onepage&q=albericio%20el%20trabajo%20en%20equipo%20de%20profesores&f=false

Antúnez, S. (1999). El trabajo en equipo de los profesores y profesoras: factor de calidad, necesidad y problema. El papel de los directivos escolares. *Educar,* (24), pp. 89 - 110. Recuperado de http://ddd.uab.cat/pub/educar/0211819Xn24/0211819Xn24p89.pdf

Arango A, G. A. (2012). *Trabajo en equipo factor clave del éxito empresarial en el mercado globalizado.* Tesis de Maestría. Universidad Militar Nueva Granada. Bogotá, Colombia. Recuperado de http://repository.unimilitar.edu.co/bitstream/10654/7546/2/ArangoAlfonsoGustavoAndres2012.pdf

Ball, S. (Septiembre – Diciembre, 2003). Profesionalismo, gerencialismo y performatividad. *Educación y Pedagogía, VX* (37). pp. 86-104.

Bayas C, R. (2007). *Estrategias para trabajar en equipo. Mejoramiento de la calidad de la educación particular popular y la comunicación social comunitaria.* pp. 2 – 6. Recuperado de http://docplayer.es/13592020-Estrategias-para-trabajar-en-equipo.html

Bloom, B. (1956). *La taxonomía de Bloom y sus actualizaciones.* Recuperado de http://eduteka.icesi.edu.co/pdfdir/TaxonomiaBloomCuadro.pdf

Bonavia, T., Molina, G. y Puchol, A. (Mayo, 2015). Validez estructural de un cuestionario para medir comportamientos eficaces en los equipos de trabajo. *Anales de Psicología, 31* (2), pp. 667 - 676.

Bugueño G., X. y Barros A., C. (Junio, 2008). *Formación de equipos de trabajo colaborativo.* Valoras UC. pp. 1 - 3 Recuperado de http://portales.mineduc.cl/usuarios/convivencia_escolar/doc/201103070003570.Valoras%20 UC%20Guia%20Formacion_de_equipos_de_trabajo_colaborativo.pdf

Calvo, G. (2008). La formación de los docentes en Colombia. Estudio diagnóstico. En González L, M. *Paradojas en formación docente, elementos para avanzar en su reflexión y planteamiento de propuestas:* pp. 67 - 74. Instituto para el desarrollo y la innovacion educativa IDIE – Formacion de docentes y educadores. Ediciones SM. Recuperado Ediciones SM. Bogotá, Colombia. Recuperado de http://www.oei.es/idie/PARADOJASENLAFORMACIONDOCENTEweb.pdf

Camargo Abello, M., Calvo, G., Franco Arbeláez, M. C., Vergara Arboleda, M., y Londoño Camacho, S. (2009). *La formación de profesores en Colombia: necesidades y perspectivas.* Universidad de la Sabana. Bogotá, Colombia.

Caminantes y Caminos. (2003). Expedición Pedagógica en Bogotá. Universidad Pedagógica Nacional. Bogotá, Colombia.

Castro G, S. (2010). *Historia de la gubernamentalidad. Razón de Estado liberalismo y neoliberalismo en Michel Foucault.* Siglo del Hombre editores, Bogotá, Colombia.

Díaz, G, D. y Salas, E. (1990). Temas emergentes y conclusiones en la investigación acerca de los equipos y el trabajo en equipo. *Personas,* (1), pp. 11 - 32 Recuperado de http://fresno.ulima.edu.pe/sf%5Csf_bdfde.nsf/imagenes/8971A4677BE7B6B20525751B00518D50/$file/01-persona11-DIAZ-SALAS_revista%20persona.pdf

Durand, J. C. y Pujadas, C. (2002). "La colegialidad en la dirección de las universidades. Un enfoque original del Beato Josemaría Escrivá", Un mensaje siempre actual: actas del congreso "Hacia el centenario del Beato Josemaría Escrivá de Balaguer". Universidad Austral. pp. 283-297. Buenos Aires, Argentina.

Ehrlich, M. I. (2002). *Psicología de los trabajos en equipo.* Ed. Trillas. México.

Espot, M. R. y Nubiola, J. (2006). Algo que al profesor no se enseña: el trabajo en equipo. *Krinein,* (2), pp. 199 - 220. Recuperado de http://www.unav.es/users/TrabajoEquipoEspotNubiola.html

Fuentes, P., Ayala, A., De Arce, J. y Galán, J. (2003). *Técnicas de trabajo individual y de grupo en el aula.* Ediciones Pirámide. Madrid, España.

Fundamentación Conceptual del trabajo en red como estrategia de cualificación de maestros y maestras. (2015). Fundación Universitaria Cafam. IDEP. Bogotá, Colombia.

Gil, F., Rico, R. y Sánchez-Manzanares, M. (Enero - Abril, 2008). Eficacia de equipos de trabajo. (2008). *Papeles del Psicólogo, 29* (1), pp. 25 - 31. Recuperado de http://www.redalyc.org/pdf/778/77829104.pdf

González - Romá, V. (Enero – Abril, 2008). La innovación de los equipos de trabajo. *Papeles del Psicólogo, 29* (1), pp. 32 - 40. Recuperado de http://www.redalyc.org/pdf/778/77829105.pdf

Gutiérrez, M. T. (2008). Politicas públicas de formación docente en el Distrito Capital. En González L, M. *Paradojas en formación docente: elementos para avanzar en su reflexión y planteamiento de propuestas.* pp. 46 - 50. Ediciones SM. Bogotá, Colombia. Recuperado de: http://www.oei.es/idie/PARADOJASENLAFORMACIONDOCENTEweb.pdf

Grupo Fomento II (2005). *Primeras discusiones y elaboraciones en torno al educar: Develar sentidos para construir nuevos sentidos.* Documento sin publicar.

Hargreaves, A. (1999). *Profesorado, Cultura y Posmodernidad. (Cambian los tiempos, cambia el profesorado),* Tercera Edición. Ediciones Morata. Madrid, España.

Lara, R. A. (2011). Coordinación Docente/Trabajo en equipo. Curso: Actualización para equipos directivos. Guadix. Recuperado de: http://plataforma.cepguadix.es/~joseluis/files/direccion/s5d.pdf

Lazzarato, M. (2006). *Por una política menor. Acontecimiento y política en las sociedades de control.* Queimada Gráficas, Madrid, España.

López H, A. (2006). Trabajar con los compañeros para mejorar la educación. *Aula de Innovación Educativa.* [Versión electrónica]. (150), pp. 45-48 Recuperado de: https://es.scribd.com/document/289712041/Trabajar-Con-Los-Companeros-Para-Mejorar-La-Educacion

Lyotard, J. F. (1987). *La condición postmoderna Informe sobre el saber.* Ediciones Cátedra. Madrid, España.

Marcelo, C. (Enero – marzo, 2013). Las tecnologías para la innovación y la práctica docente. *Educação, 18, (*52). pp. 25 – 47. Recuperado de: http://www.scielo.br/pdf/rbedu/v18n52/03.pdf

Martínez B, A. y Unda, P. (Julio- Diciembre, 1998). De la insularidad de las innovaciones a las redes pedagógicas. *Nodos y Nudos,* pp. 8-14.

Martínez B, A. y Unda, P. (1995). Redes Pedagógicas: Espacios Múltiples y Abiertos. *Nodos y Nudos,* 1(1), pp. 4-9.

Martínez, M. C. (Abril – junio, 2006). La figura del maestro como sujeto político: en lugar de los colectivos y redes pedagógicas en su agenciamiento. *Educere, 10* (33), pp. 243 – 250. Recuperado de: http://redalyc.uaemex.mx/pdf/356/35603305.pdf

Martínez P, M. C. (2006). El Poder de las experiencias pedagógicas realizadas por colectivos de maestros ¿Expresiones de acción política? *Educación y Ciudad,* (11), pp. 11 - 30.

Martínez, M. C. y Ramírez, J. E. (Enero – junio, 2007). Maestros investigadores y saber educativo propuestas alternativas y experiencia. Instituto para la Investigación Educativa y el Desarrollo Pedagógico (IDEP). *Educación y Ciudad,* (12). pp. 55-68 Recuperado de: http://www.idep.edu.co/?q=content/revista-educaci%C3%B3n-y-ciudad-no-12

Rifkin, J. (2000). *La era del acceso. La revolución de la nueva economía.* Paidós, Madrid, España.

Rodríguez E, L. A. (s.f.). *La Comunicación Como Base del Trabajo en Equipo.* p. 1. Recuperado de http://www.mujeresdeempresa.com/la-comunicacion-como-base-del-trabajo-en-equipo/

Rodríguez, A. (2000). Cambio y reformas en educación: el papel de los maestros. En: *El maestro, protagonista del cambio educativo,* pp. 79-159. Convenio Andrés Bello. Cooperativa Editorial Magisterio, Bogotá.

Santiago D, E., García R, R., Morales O, J., Santos S, M. y Pinzón F, J. (Enero-junio, 1999). El colectivo: un espacio de intercambio. Aprendizaje y transformación de la práctica pedagógica. *Nodos y Nudos, 1*(6), pp. 11-15.

Unda, M. P. (Septiembre, 2002). Expedición Pedagógica y redes de maestros. *Perspectivas, XXXII* (3), pp. 1 – 15. Recuperado de http://www.ibe.unesco.org/fileadmin/user_upload/archive/Publications/Prospects/ProspectsPdf/123s/undas.pdf

Walss A, M. E. y Valdés P, U. (s. f). *El trabajo colaborativo como herramienta de los docentes y para los docentes.* Ed. M., MQPIE ITESM, Campus Laguna Recuperado de http://sitios.itesm.mx/va/boletininnovacioneducativa/26/docs/El_TC_herramienta_para_docentes.pdf

Segunda Parte

Maestros en Colectivo
Una década de actividad pedagógica

Los Inicios del colectivo

En los albores del presente siglo, se inició el proceso de constitución de un equipo de maestros y maestras interesadas no solo en la posibilidad de materializar un espacio en el que fuese factible propiciar las condiciones para trabajar en equipo y promover la producción pedagógica, la investigación educativa y la reflexión del acontecer de la escuela en relación con las prácticas pedagógicas y de enseñanza, la deliberación acerca de los nuevos saberes escolares constituidos, su procedencia, su función y funcionamiento y la creación de ambientes de aprendizaje alternativos, entre otros aspectos, comprometidos con la construcción de un saber (escolar y pedagógico) y unas prácticas viables para ~~de~~ transformar los modos convencionales como se establecía la escuela y se reconocían el conocimiento, la enseñanza, a los niños, niñas y jóvenes, y por supuesto al maestro.

Estos deseos, expectativas, necesidades e intereses de un grupo de maestros y maestras fue precisamente coherente con la insignia que identificaba a la Corporación Escuela Pedagógica Experimental (CEPE): "Es posible otra Escuela", razón por la cual se acopló a sus principios pedagógicos, didácticos, epistemológicos y a las maneras particulares de comprender a la escuela, la educación, a quienes participaban de los procesos de formación y aprendizaje, estableciendo vínculos y compartiendo conocimientos con otros grupos allí instalados. Este es el origen de *Maestros en Colectivo.*

Maestros en Colectivo se instituyó dentro de la Corporación Escuela Pedagógica Experimental en el año 2000, como un equipo de maestros que concentró sus reflexiones y propuestas en los Ambientes de Aprendizaje de Aula (AAA), ante la necesidad de cualificar la labor pedagógica, hacer comunicables los hallazgos, participar en s eventos académicos, pedagógicos y ~~o~~ educativos, socializar y legitimar las acciones de intervención pedagógica en el aula, en encontrarse con el otro para validar los conocimientos, para reconocer el quehacer del maestro y la maestra como elemento fundamental en la constitución y el modo de ser de la escuela, que devino en la producción de proyectos de investigación (*La construcción del sentido de lo público: la autorregulación,* 2009*)*, ponencias nacionales (*El sentido de lo público: la autoorganización,* 2008) e internacionales (*Hacia la construcción de lo público en los ambientes de aprendizaje en el aula,* presentada y aceptada en el VI Encuentro Iberoamericano de Colectivos Escolares y Redes de Maestros que hacen investigación desde las escuelas – Argentina, julio- 2011 y *El trabajo en equipo de los maestros: retos y posibilidades*, presentada y aceptada en el VIII Encuentro Iberoamericano de Colectivos y Redes de Maestros y Maestras, Educadores y Educadoras que hacen investigación e innovación desde su escuela y comunidad – México, 2017), artículos en revistas nacionales (*Los aprendizajes no intencionados en la complejidad del ambiente escolar: asunto emergente y posibilitador de acciones para la paz,* 2016) e internacionales (*Teselaciones para niños: una estrategia para el desarrollo del pensamiento geométrico y espacial de los niños*, publicado en la revista Educación Matemática, México, 2014), libros (*Ambientes de Aprendizaje en el Aula. Una experiencia en colectivo,* 2006), proyectos de innovación (*El desarrollo del pensamiento geométrico y espacial de las niñas y los niños en el aula es posible con Teselaciones*, premiado en el año 2017 por el Premio a la Investigación e Innovación Educativa-IDEP) y capítulos de libro (*Maestros en Colectivo. Construyendo y deconstruyendo miradas y sentido,* 2006), alrededor de estos campos de estudio, que no solo mostraron la posibilidad de trabajar en equipo sino que era factible la producción de saber pedagógico en la escuela conducente a la transformación de los modos de ser maestro y maestra y de hacer escuela.

Uno de los logros alcanzados por Maestros en Colectivo ha sido establecer vínculos con otros grupos de investigación, redes y movimientos pedagógicos expedicionarios, la constitución de un espacio de autoformación, reflexión, debate y proposición pedagógica, reconocido y definido como el Seminario de Formación Permanente, un escenario de encuentro de maestros que se ha venido reafirmado y consolidado paulatinamente como un espacio de diálogo, deliberación y cualificación de los participantes, en el que se han puesto en juego los imaginarios, prácticas, experiencias, discursos y saberes que caracterizan las maneras particulares de proceder en el aula, concebir la educación y la escuela, comprender el acontecer escolar. Se discuten asuntos epistemológicos, metodológicos, didácticos, relacionados con la investigación, innovación y el sentido de la educación y la pedagogía, entre otros temas, cuyas producciones pedagógicas se han expuesto en eventos académicos y espacios de socialización y divulgación local, nacional e internacional así como, la formulación y validación de las acciones de intervención conducentes a la transformación escolar, materializadas en una serie de propuestas que

[...] buscaban reflexionar sobre los principios que orientan la escuela, las expectativas, intenciones, necesidades y deseos del maestro y de los mismos estudiantes; además [de] comprender y caracterizar las acciones pedagógicas en el aula que permiten construir significativamente procesos de conocimiento y convivencia (Maestros en Colectivo, 2006, p. 15).

Maestros en Colectivo actualmente está conformado por maestros y maestras que se desempeñan en instituciones educativas públicas, que se encuentran adelantado trabajos, proyectos y experiencias de carácter pedagógico, cuyos campos de acción abarcan desde la básica primaria hasta el nivel universitario. El colectivo "se fortalece a partir de reuniones, realización de talleres, conversatorios, lectura de artículos, documentos y socialización de vivencias en el aula" (Maestros en Colectivo, 2006, p. 17), que sesiona regularmente cada quince días, los días lunes de 6:30 pm a 9:00 pm en las instalaciones de la Corporación Escuela Pedagógica Experimental (CEPE).

En este ámbito pedagógico se ha estado indagando, haciendo lecturas y trabajos alrededor del quehacer pedagógico en la escuela, las prácticas de enseñanza instituidas y las que emergen, los nuevos saberes que incursionan, los modos de evaluación escolar, la caracterización de los ambientes de aprendizaje en el aula, en el marco de las distintas instituciones en las que laboran los maestros y maestras que lo constituyen, buscando con ello, la validación del saber pedagógico.

1. Ambientes de aprendizaje en el aula

El concepto *ambiente de aprendizaje* irrumpe en la escuela como una condición contemporánea para organizar de una forma diferente los "escenarios de construcción y participación" (Alcaldía Mayor de Bogotá, 2012, p. 12) de los niños, niñas, jóvenes, maestros y maestras y como un espacio "donde se generan oportunidades para que los individuos se empoderen de saberes, experiencias y herramientas que les permiten ser más asertivos en las acciones que desarrollan durante la vida" (p. 9), asociado a factores como las intenciones pedagógicas, a los contenidos de enseñanza, a las acciones didácticas, a los recursos y materiales, a las formas de evaluación, a los tiempos de enseñanza, así como, a quién se lo pregunta y en qué dominio del saber acontece dicho cuestionamiento.

Para el caso del ámbito escolar perspectivas como la usual (o convencional), la virtual (o tecnológica) y la alternativa, responden a caracterizaciones, requerimientos, sentidos y significados que definen de modo particular, los ambientes de aprendizaje.

En la enseñanza *convencional* se asume el ambiente de aprendizaje asociado a un escenario físico (el salón de clase) caracterizado por la imagen de estudiantes sentados en filas de pupitres muy ordenados en dirección al pizarrón, el maestro permanece en un escritorio examinando y corrigiendo pruebas y trabajos escolares asignados o de pie frente al tablero exponiendo magistralmente un tema a sus estudiantes esperando lo apropien para luego reproducirlo conforme a eso que se ha enseñado.

En estos ambientes los aprendices estudian las consignaciones hechas en los cuadernos y los apuntes tomados en clase, mientras que los maestros y maestras responden por los temas expuestos y enseñados. Es un ambiente preconcebido, determinado, y dado, sujeto a unas condiciones físicas, de ambientación, organización, planificación, que previamente establecen los maestros y maestras sin la participación efectiva de los y las estudiantes en la configuración del mismo. En la enseñanza *virtual* (tecnológica) el ambiente de aprendizaje se instala como un "entorno delimitado en el cual ocurren ciertas relaciones de trabajo escolar" (Andrade, 1996, párr. 41), pero además, estructurado y flexible. Conforme con esto,

Delimitado significa la definición de los contenidos del aprendizaje así como de la complejidad, los indicadores y niveles de aceptabilidad de desarrollo de las competencias descritas antes.

Estructurado en el sentido de que los contenidos deben ser organizados en mapas conceptuales (planeación conceptual) que guíen la planeación de las actividades en procesos cíclicos que varíen de un nivel de abstracción a otro.

Flexible significa el desarrollo de nuevos criterios para la administración del currículo; éstos deben incluir como central la adquisición por el estudiante de las competencias definidas, al menos en los niveles de aceptabilidad, y proveer posibilidades para que el estudiante pueda controlar, progresivamente, el ritmo de aprendizaje (párr. 42).

Acoplada a esta significación, emerge la idea de los Entornos Virtuales de Aprendizaje (EVA) y a través de sus planteamientos los ambientes de aprendizaje se entienden como ese espacio individualizado e individualizante, donde las mediaciones y dispositivos electrónicos, así como, la internet y las intranets institucionales se convierten en los canales de relación entre los maestros y las maestras, los estudiantes y las estudiantes y el conocimiento, estructurados "[...] sin la necesaria presencia física de alumnos, profesores y/o orientadores y [permitiendo] la flexibilidad de horarios y [desarrollando] nuevas habilidades técnicas y cognitivas para recibir, criticar y manipular las informaciones de forma compartida" (Pantoja y Zwierewicz, 2008, p. 285).

Este ambiente de aprendizaje se centra en responder al desarrollo de ciertas competencias y a una serie de actividades específicas articuladas a un conjunto de módulos concretos de los temas a desarrollar, , en este sentido, el encuentro con los otros queda supeditado a los requerimientos de las actividades y a encuentros periódicos por la red, en foros y espacios digitales de deliberación; el encuentro con el otro para aprender, conocer y convivir se desvanece y las vivencias escolares y culturales adquieren un nuevo significado, acopladas a las mediaciones digitalizadas, las nuevas tecnologías de la comunicación y la información y la globalización de la sociedad.

En las propuestas de enseñanza alternativa,

> *[...] el entorno escolar no es solamente una edificación con mobiliario sino un conjunto de interacciones que se dan entre las condiciones físicas, los patrones de comportamiento y las conceptualizaciones que tienen las directivas, los maestros y los estudiantes para convivir en esta clase de lugar, la vida del aula se considera como un sistema complejo y singular, dotado de una estructura: profesor- alumnos- contexto social y de una dinámica llena de interacciones y reacciones a diferente niveles: académico, simbólico, de poder, de principios ideológicos, etc. (Modelo sistémico-ecológico-investigativo) (Porlán, 1995, p. 98).*

Por consiguiente, de acuerdo al entorno donde acontece el encuentro intersubjetivo se configura un ambiente de aprendizaje, en el que coexisten múltiples ambientes como escenarios escolares disponibles en la forma de aulas de clase, patio de recreo, corredores, comedor escolar,   lugares de la ciudad y del entorno rural, que van más allá de los muros de la escuela, pero en los que conviven e interactúan los y las estudiantes y sus maestros y maestras.

En el documento *Despertar del Milenio. Pedagogía de la convivencia* (2000), producido por la Corporación Escuela Pedagógica Experimental (CEPE), se diferencia entre el ambiente de aprendizaje usual que por mucho tiempo ha caracterizado a la escuela y la propuesta de ambiente en la perspectiva de una pedagogía de la convivencia que se plantea en las ATAS (Actividades Totalidades Abiertas), en la que la construcción de la confianza, la participación, el conflicto, el compromiso, la autonomía, una relación distinta entre los actores escolares y con el conocimiento, se constituyen en elementos fundamentales para orientar el modo de constituir dichos ambientes.

El ambiente de aprendizaje acontece donde confluyen sujetos con intenciones y deseos de aprender y de enseñar, con unos propósitos e intereses particulares, configurándose en un espacio en el que se conjugan sentidos, ideas, pensamientos y cosmovisiones que se ponen en juego en las interacciones con los otros para ser enriquecidas, validadas o transformadas y seguir aprendiendo.

Dentro de los múltiples ambientes escolares se encuentran los denominados Ambientes de Aprendizaje en el Aula (AAA), entendidos como ese entramado de actores, actividades y contextos establecidos por su interacción e interrelación, alrededor de unos propósitos determinados, de carácter presencial y en los que es factible leer diferentes maneras de constituir sujetos, aprendizajes, conocimientos, formular estilos de evaluación, trabajar en equipo, hacer e instalar la escuela, producir saber pedagógico.

En esta caracterización de los Ambientes de Aprendizaje en el Aula (AAA) cada uno de los anteriores elementos se acopla para conformarlo y constituirlo de un modo específico, en el que el encuentro con el otro se configura en una acción orientadora de los procesos de convivencia y aprendizaje de los actores escolares que intervienen en las dinámicas de encuentro.

Bajo esta perspectiva se constituye una red nodal de interacciones e interrelaciones de personas, actividades, escenarios e intenciones, generadora de vivencias de conocimiento y vivencias de convivencia, que adopta la forma de "La metáfora de la red", como AAA en la que se posibilita dimensionar el entramado de relaciones que ocurren en el aula, de los encuentros y desencuentros, de ubicar y comprender que pueden aparecer multiplicidad de fluctuaciones y acontecimientos que determinan los acoples de los nudos de la red, de tal manera, que ella se constituye en un sistema dinámico y autorregulado, que impulsa el trabajo colegiado establecido por estudiantes, maestros, maestras, actividades, escenarios y contextos.

Entre los elementos que posibilitan la constitución de ambientes de aprendizaje en el aula (AAA) se encuentran:

Los actores

En los AAA, los actores aparecen en la forma de los y las estudiantes, maestros y maestras, quienes se encuentran, se autorregulan y se organizan para resolver, a través de la participación efectiva que se materializa en la formulación de ideas, propuestas o proyectos, situaciones que afectan el contexto escolar, el aula, las disciplinas escolares, el entorno comunitario o la vida social. Son sujetos integrales, diversos en gustos, valores, formas de aprender, conocer, saber e interactuar con necesidades, expectativas e intereses particulares que se manifiestan en los encuentros con los demás. Las interacciones entre ellos permiten el trabajo colectivo, la construcción, reconstrucción, validación, supresión o transformación de conocimientos, aprendizajes, significados, símbolos, representaciones y sentidos.

El actor es construcción social e histórica permanente, susceptible de mutar y transformarse en las interacciones con los otros, que tiene la facultad de entenderse como sistema, observarse así mismo, gobernarse, transformar su mirada y su forma de pensar, actuar, y de modificarse (y de modificar a otros) en las relaciones que ocurren con otras intersubjetividades.

Por tal razón, los AAA se constituyen en espacios sociales en los que es factible la constitución de sujetos colectivos, que interactúan entre sí para realizar una tarea, resolver un problema, adelantar una actividad, diseñar y ejecutar un proyecto, satisfacer una necesidad o "expresar, comprender, aclarar, coincidir, discrepar y comprometerse en la búsqueda de alternativas de solución a situaciones que le son difíciles para él como individuo y para los grupo sociales con los cuales convive" (Alcaldía Mayor de Bogotá, 2012, p. 18). De esta manera se legitima que los AAA son un espacio que genera las condiciones para que los actores trabajen colegiadamente en relación con un interés y propósito común, que derivan en la formulación de proyectos de intervención y transformación de la problemática identificada.

El sujeto es un elaborador de su realidad, enriquecida por las realidades de los otros, fuente para la organización de miradas sobre la realidad misma, por lo que su construcción está asociada a deconstrucciones y reconstrucciones de interrelaciones e interdependencias que suceden cada vez que hay un encuentro con el otro.

Por consiguiente, es impensable ubicar al actor fuera de un colectivo, pues es allí donde logra identificarse, reconocerse y participar, realizando acciones que están cargadas de motivaciones interiores, significados y sentidos. A su vez, esto permite generar actitudes de compromiso, participación y responsabilidad, potenciar el trabajo en equipo, proyectar, crear, cimentar o transformar el entramado social.

Los actores fundamentales que se destacan dentro de los AAA son el maestro (y la maestra) y el estudiante (y la estudiante), quienes en sus encuentros y con sus acciones e intervenciones propician aprendizajes diversos, formas de trabajo colaborativo y cooperativo, el desarrollo de saberes escolares, disciplinares y sociales, que favorece el reconocimiento de intersubjetividades, la construcción de la confianza y el afianzamiento del reconocimiento del otro en la diferencia y la diversidad.

Este reconocimiento va más allá de lo cognitivo, lo social o emocional y se instala en el plano político, de las relaciones de poder, pues al ser contemplados como sujetos políticos, participes de una colectividad, los actores se constituyen en subjetividades interesadas en la transformación social, con abundantes experiencias de conocimiento, acciones compartidas, cargadas de significados culturales, que les permiten expresar sus puntos de vista, opinar, interpelar, generar acuerdos, intervenir, promover formas de participación diversas, afianzar la cultura democrática y pluralista, la responsabilidad, la toma de decisiones, el manejo del conflicto de modo pacífico y dialógico, y en ese accionar aprender a convivir con el otro en la diferencia, en el respecto y en la necesidad de establecer pactos para estar en comunidad de manera armoniosa.

Maestro

El empoderamiento de su rol lo transporta más allá de la función convencional de transmitir conocimientos, de ser el único responsable del proceso de enseñanza y aprendizaje, de ejercer el orden, establecer la autoridad y la disciplina escolar. Su campo de acción es más amplio, con capacidad de proponer, participar y de asociarse con pares, de trabajar en equipo para realizar tareas en beneficio de la comunidad educativa y pensarse como sujeto social, político, histórico y de saber pedagógico y escolar.

El maestro y la maestra mediante una práctica pedagógica (y de enseñanza) intencionada y sistematizada , de sus acciones pedagógicas y de sus intervenciones didácticas, se hace participante directo de la vida escolar, ya que propone, motiva, decide, reconoce, visibiliza sus acciones, se proyecta más allá del salón de clase, para constituirse en un sujeto productor de saber escolar. Se interrelaciona apoyándose en una comunicación asertiva, en el diálogo y la escucha de lo que el otro expresa, propicia un cambio en la dinámica del proceso de enseñanza y aprendizaje y en la manera de relacionarse con sus estudiantes, haciendo del aula un escenario de construcción de aprendizajes diversos y de conocimientos pertinentes y contextualizados. .

Estudiante

De un sujeto considerado pasivo, incapaz de tomar decisiones, dependiente, receptor de información, atento a escuchar lo que expone oral y magistralmente el maestro y la maestra y almacenar la información suministrada , se transita hacia un sujeto de saber que se constituye de un modo distinto, es decir, como un sujeto reflexivo, activo, autónomo, comunicativo, con un proyecto personal, que solicita ser escuchado (y que escucha la voz del otro), considerado en sus expresiones, consciente de su proceso de aprendizaje, que participa y se hace responsable de sí mismo, que se autorregula, gobierna y demanda corresponsabilidad de sus compañeros, que es capaz de autoevaluarse, ser protagonista en los espacios que ofrece la escuela.

Conjuntamente con sus pares y demás integrantes de la comunidad educativa, de los grupos de trabajo o equipos, construye normas y acuerdos de convivencias que le permiten comunicarse con los demás, relacionarse, reconocerse en colectivo y configurarse como sujeto político, social e histórico.

El contexto

En la retórica de los AAA, se comprende como "el espacio y tiempo vividos y representado por las personas que conforman un grupo humano, que dan cuenta de las interrelaciones económicas, históricas, políticas, científico-tecnológicos, culturales que allí se suscitan" (Maestros en Colectivo, 2006, p. 34), en consecuencia, los contextos son múltiples, emergencias acordes a los modos de ser de cada época y sociedad, en los que se involucran los sujetos para participar, convivir, expresar emociones, pensamientos y creencias.

El contexto se concibe como una producción efecto de la conjugación de objetos materiales (mobiliarios, escenarios, territorios) y simbólicos, de las cosmovisiones, de las experiencias de vida e historias de los actores sociales que circulan, se movilizan, se ponen en juego y se instalan para orientar las múltiples relaciones que configuran los encuentros y los modos de interacción, así como la cultura y la vida en sociedad, que se articulan a aquellos valores, comportamientos, gestos y emociones socialmente legitimados y aceptados, que los sujetos deben adoptar para ser considerados y reconocidos como parte de un grupo social en específico y en el cual se van a desenvolver.

Escenarios

En el marco de los AAA, los escenarios hacen "referencia a un lugar específico, a un espacio físico determinado en el que interactúan maestros y estudiantes y se propicia un ambiente de aprendizaje" (Maestros en Colectivo, 2006, p. 34). Son lugares que hacen parte de un territorio reconocido, en el que conviven los sujetos para compartir sus experiencias de vida, emociones, sentimientos y pensamientos, los cuales se han configurado en el tiempo y el espacio como productos de intervención política, social, cultural y económica; convirtiéndose en nicho de intervención, mediación e inclusión de prácticas pedagógicas y educativas orientadas a la transformación social y comunitaria.

Justamente, uno de los escenarios escolares más reconocidos es el salón de clase, ya que cuenta con el equipamiento para desarrollar las actividades escolares e implementar acciones pedagógicas y las estrategias didácticas conducentes a la promoción de los aprendizajes, la construcción del conocimiento, el desarrollo del pensamiento y la vivencia de una convivencia pacífica y armoniosa. Es el escenario en el que se posibilitan las condiciones para que se constituyan los AAA y se favorecen los encuentros intersubjetivos que impulsan la participación, la comunicación, el trabajo en equipo y la resolución de los conflictos mediada por el diálogo y la negociación, entre otros aspectos.

Los Ambientes de Aprendizaje en el Aula (AAA) se convierten en una apuesta que permite dar cuenta de la

> *[...] cultura que se hace evidente en las instituciones educativas cuando se relacionan formas de ser, expectativas y fines que confluyen, donde se potencian acciones para la formación de sujetos. Hoy más que nunca se tiene que pensar la escuela como un escenario donde no solamente hay un proceso de conocimiento en un ámbito del saber, sino que lleve a los sujetos a la regulación, a ser partícipes activos con su saber en las comunidades a las cuales pertenecen (Becerra, et., al., 2006, pp. 93-94).*

Espacio

En los AAA el reconocimiento de espacios de interacción implica asumirlos como una construcción material y simbólica propia de los integrantes de una comunidad, constituida por actores escolares, los cuales en ocasiones se convierten en escenarios de apropiación y de aprendizajes (intencionados y no intencionados)[1].

Allí se permite que el sujeto se ubique en relación con un escenario y con los demás, que comparta sus vivencias de conocimiento, su saber, que enriquezca, modifique o legitime sus producciones, planteamientos y puntos de vista. Es el referente en el que los actores le encuentran sentido a sus acciones, a sus pensamientos, miradas y concepciones, ya que les permite construir socialmente múltiples realidades susceptibles de variar en cada encuentro subjetivo. De hecho, se llega a pensar que en estos espacios se da una verdadera formación educativa, social y política, porque es allí donde se encuentran los elementos propicios para conocer y reconocer a los demás como sujetos y al entorno como un lugar dispuesto para ser transformado y compartido.

Los espacios abren la posibilidad para expresar, decidir e incidir en su contexto inmediato, ya que no se reducen a un entorno físico, por el contrario, se traducen en formas diversas de interacción y deliberación, en las que se posibilita incidir en las decisiones a partir del discurso, el debate y las propuestas, y con ello formular consensos y negociaciones que favorezcan el crecimiento personal y colectivo.

---

1. Respecto a los aprendizajes no intencionados, Maestros en Colectivo publicó en la revista *Educación y Ciudad* No. 31 (Julio-diciembre de 2016), el artículo "Los aprendizajes no intencionados en la complejidad del ambiente escolar: asunto emergente y posibilitador de acciones para la paz", en el que se aborda y profundiza dicha temática.

Territorio

Otro de los elementos a considerar en la perspectiva de los AAA es el territorio. Dicho concepto trasciende la noción de espacio físico y geográfico para concebirse como una construcción histórica y social que en el tiempo se transfigura y obedece a las formas particulares de ser de cada época.

Según Rubio (2008), el territorio surge de las "relaciones y vínculos históricos entre espacio geográfico y dominio y control (a diferentes escalas)" (p. 14).

El territorio "es primariamente pertenencia, pero también alude a poder y control, límites y fronteras, apropiación y propiedad, singularidad y especificidad, así como a identidad, símbolo y cultura colectiva, cuya expresión diferencial, espacial y social es la base de la configuración territorial" (Rubio, 2008, p. 14), que está en permanente cambio y contradicción, asociado al espacio físico y los objetos materiales allí instalados, que se construye y reconstruye y que sobre él se mueven los distintos procesos que determinan la cultura y los modos de proceder y ser de cada época.

La actividad

En la metáfora de los AAA, la actividad es una acción de intervención con propósitos de facilitar y mejorar los aprendizajes y la producción de conocimiento,

> *[...] es una herramienta a través de la cual se pone en situación de acción y transformación el aprendizaje del estudiante y generalmente propicia el trabajo en equipo, las búsquedas particulares, la resolución de problemas, debates, interlocuciones, el diseño y construcción de modelos explicativos y diálogos entre pares académicos (Maestros en Colectivo, 2006, p. 32).*

En esta medida, la actividad corresponde al conjunto de acciones de intervención, cargadas de intencionalidades, enfocadas al ser, hacer y actuar de los sujetos en el aula, cuyo propósito se enfoca a favorecer el aprendizaje, la construcción del conocimiento, el desarrollo del pensamiento o la vivencia de una convivencia armoniosa, a través de las cuales se abordan temáticas, experiencias, problemas de conocimiento (pedagógicos para el maestro y escolares para los estudiantes), se exploran saberes y campos de estudio, convirtiéndose en herramientas con las cuales se colocan en situación de acción y transformación del aprendizaje de los estudiantes, las búsquedas e intenciones particulares y colectivas, la construcción mediante el diálogo y el encuentro de cosmovisiones e historias de vida y aprendizaje.

De este modo, la actividad se relaciona con una intención, como todo acto educativo, correspondiente a un engranaje contextualizado de acciones que reconocen necesidades de orden académico y convivencial, emergentes o sentidas por los actores que las protagonizan. El diseño de las actividades es un asunto que involucra los intereses comunes, las expectativas, el reconocimiento de lo múltiple, necesidades y exigencias del contexto, que al ser implementadas permiten abordajes personales y grupales que favorecen la construcción en colectivo.

Salidas pedagógicas

Una de las actividades académicas más enriquecedoras y posibilitadoras del aprendizaje son las *Salidas Pedagógicas*, que requieren de un propósito asociado al enriquecimiento de las búsquedas en el aula, a una complementariedad de lo que se aprende, de una logística de organización y programación por parte del maestro y la maestra o del colectivo de maestros y maestras.

Como se ha dicho en otros lugares:

> *Algunas actividades no son previstas, pues surgen por su pertinencia frente a las búsquedas que se tienen en el aula, son sugeridas por el maestro titular, los maestros de área o en ocasiones por algún estudiante(s), los cuales se involucran en su organización y planeación (cartas, permisos, agenda, etc.) (Maestros en Colectivo, 2006, p. 35).*

Dichas actividades, acopladas a unas estrategias de enseñanza, se plantean para enriquecer las búsquedas en el aula, generando nuevas vivencias de conocimiento y rutas de trabajo o de exploración académica que devienen en la formulación de diversas problemáticas de conocimiento, que a su vez, posibilitan formas distintas de convivencia, relación con los otros, en las que el diálogo, la escucha permanente y la construcción de acuerdos se constituyen en los mediadores de las mismas.

Las actividades no solo favorecen "las búsquedas en el aula, que son las que orientan la acción para posibilitar el conocimiento, se enriquecen con otros escenarios y las interacciones en la convivencia que generan diversos aprendizajes", sino que además, posibilitan nuevas vivencias de conocimiento, una convivencia armónica y el acercamiento a fuentes diversas de información. (Maestros en Colectivo, 2006, p. 38).

La actividad didáctica que se plantee en los AAA ha de motivar la interacción entre los sujetos, el reconocimiento del otro, la formación de colectivos y la emergencia de roles que se ejercen y se consideren necesarios para el cumplimiento de la tarea formulada. Este proceso demanda educar para la acción en colectivo, para trabajar en equipo y aprender a gestionar grupos que se autoorganicen y autorregulen, lo que permite avanzar en la constitución de prácticas participativas y democráticas, y por supuesto, en la construcción del sentido de lo público.

2. Maestros en colectivo: un espacio de formación y reflexión pedagógica

Más allá de intentar ir al pasado para encontrar el origen de los acontecimientos, justificar lo que se es hoy, rescatar la memoria para comprender el presente, o ir a excavar en el tiempo la génesis de cómo un grupo de maestros se constituyeron en lo que hoy se denomina *Maestros en Colectivo,* la exploración que se pretende hacer en la historia vivida es para darnos cuenta del olvido, de lo que deviene, de la procedencia de las cosas, de lo que hemos dejado de ser, para extrañarnos, asumir con nostalgia o con alegría lo que ya no somos, pero ante todo, ver aquello en lo que nos hemos convertido, en lo que somos actualmente, no con el ánimo de vernos como una evolución o como un progreso conseguido gracias a la toma de conciencia nuestra de lo que se debe ser como maestro.

Desde hace una década, diversos han sido los esfuerzos por constituir un equipo de maestros interesados en la producción pedagógica, en la investigación educativa y en general, en la reflexión por el acontecer de la escuela. Esta necesidad de un grupo de maestros era coherente con la insignia "Es posible otra Escuela" que identificaba entonces a la Escuela Pedagógica Experimental y su gran maestro Dino Segura.

Durante este tiempo Maestros en Colectivo se instituyó dentro de la Escuela Pedagógica Experimental como un equipo de maestros que concentró sus reflexiones, planteamientos y propuestas en los Ambientes de Aprendizaje de Aula, la necesidad de cualificar la labor pedagógica, de hacer comunicables los hallazgos, de participar en los eventos pedagógicos y educativos, de socializar, de encontrarse con el otro para validar los conocimientos, para reconocer el quehacer del maestro como fundamental en la constitución de la escuela, se afianzaron aún más como fundamentos y orientaciones del acontecer de lo que nos nombra hoy como Maestros en Colectivo.

Uno de los logros alcanzados por *Maestros en Colectivo* ha sido la constitución de un espacio de formación, reflexión, debate y proposición pedagógica, reconocido y definido como el *Seminario de Formación Permanente*.

Este escenario de encuentro, reflexión y participación se ha venido reafirmado y consolidado paulatinamente como un espacio de cualificación pedagógica de los maestros y maestras participantes. En él se han puesto en juego concepciones, imaginarios, prácticas, experiencias, discursos y saberes que caracterizan las maneras particulares de proceder en el aula, de comprender la enseñanza, se discuten asuntos epistemológicos, metodológicos, didácticos, relacionados con la investigación, innovación y el sentido de la educación y la pedagogía, entre otros temas, cuyas producciones pedagógicas se han expuesto en revistas, libros y espacios de socialización y divulgación local, nacional e internacional como congresos, simposios, encuentros y seminarios..

Maestros en Colectivo está conformado por maestros y maestras, diez en total, que se desempeñan en diferentes instituciones educativas públicas, en diversos campos de acción educativa e investigativa, con múltiples perspectivas pedagógicas y maneras de comprender la educación, la enseñanza y la didáctica, lo que enriquece las deliberaciones al interior del grupo, en el que cada uno de los cuales lidera un proyecto pedagógico acorde a sus intereses (y por supuesto de sus estudiantes) con el que buscan no solo intervenir el acontecer escolar en particular en el que está inscrito dicho proyecto sino validar al maestro y a la maestra como productores de saber escolar.

Desde 1999 Maestros en Colectivo ha estado indagando alrededor del quehacer pedagógico en la escuela, las prácticas de enseñanza instituidas y las que emergen, los nuevos saberes que incursionan, los procesos curriculares, los modos de evaluación escolar, como también la caracterización de los ambientes de aprendizaje en el aula, en el marco de las distintas instituciones en las que se desempeñan los maestros y maestras que lo constituyen, validando en este ejercicio los aprendizajes, las intervenciones en el aula y las producciones pedagógicas de cada uno de ellos.

En este sentido, el Seminario de Formación Permanente se ha constituido en un ambiente de aprendizaje, en un espacio social de reflexión política y de producción académica e investigativa, en el que se hace lectura y debate de documentos afines con las temáticas de estudio del grupo, se discuten puntos de vista, se producen textos, en fin, se construye saber pedagógico y escolar, pero también, se cualifica la labor de los maestros y maestras como investigadores, intelectuales y sujetos de la pedagogia.

Lo anterior es posible gracias a que se asume el Seminario de Formación Permanente como una posibilidad de encuentro y reconocimiento de los maestros y maestras como sujetos escolares, constructores de saber pedagógico, hecho que a su vez, contribuye en el proceso tanto de cualificación de su labor como en la consolidación del colectivo que dedica tiempo a la formación y a la reflexión permanente, mediante discusiones, deliberaciones, contrastaciones, validaciones y proyecciones, que se ven reflejadas en la producción de saber, de documentos (ponencias, ensayos, artículos), así como la materialización de proyectos pedagógicos a partir de las experiencias y vivencias de conocimiento sistematizadas que transforman las prácticas de enseñanza escolares.

La concepción del Seminario de Formación Permanente para Maestros en Colectivo

Las vivencias y exigencias del contexto contemporáneo llevan a que el maestro y la maestra estén permanentemente actualizándose, en constante diálogo con el saber y sintiendo la imperiosa necesidad de sistematizar su trabajo y participar en eventos académicos para socializar sus hallazgos dimensionando en ese camino el estado de los procesos pedagógicos, metodológicos y didácticos, los cuales sirven de referencia para reflexionar sus paradigmas, prácticas y saberes.

Esto significa confrontar el conocimiento, el quehacer y la formación diaria para elaborar nuevos discursos sobre la acción pedagógica que redunden en la resignificación de sus vivencias, emociones y pensamientos, generar prácticas innovadoras y adquirir otros imaginarios para afrontar su desarrollo profesional en busca de cualificar los procesos educativos y pedagógicos. El proceso de formación se visualiza como un aprender en el aprender, asumiendo nuevas herramientas como el pensamiento crítico, la reflexión, el trabajo en colectivo y la investigación.

El Seminario de Formación Permanente ha permitido que poco a poco se caractericen ciertas condiciones que lo hacen en gran medida distinto y particular, con respecto a otros espacios de encuentro y formación, ya que se reconoce como una instancia de cualificación y formación constante, donde el colectivo destaca la importancia de la reflexión de la práctica pedagógica en el proceso de formación continua de los maestros y maestras.

El reconocimiento del otro como una subjetividad con la que se construye el conocimiento pedagógico, se comparten vivencias escolares, experiencias, proyectos, necesidades, intenciones e intereses, posibilita el trabajo en equipo, se consolidan como pilares del trabajo al interior del Seminario de Formación Permanente, ya que es precisamente con los y las colegas con quienes se valida el trabajo pedagógico; con ellos, se generan nuevas construcciones epistemológicas, didácticas y metodológicas en un espacio de continuo cuestionamiento, producción, reflexión, discusión y debate, de tal forma que cada uno se reconoce en un diálogo de pares, como sujetos de saber (escolar o pedagógico), poder, con experiencias, afectos y emociones.

La dinámica de trabajo ha llevado a que los maestros y maestras se autoorganicen y autorregulen, y por supuesto, se autogobiernen, asumiéndose roles muy particulares (como el de relator o el de moderador), reconociendo potencialidades, apropiando compromisos, generando proyectos, definiendo los tiempos de encuentro, la elección de los documentos a estudiar, la búsqueda de estrategias para elaborar escritos, la manera de acompañar a los y las colegas y la planeación de nuevas acciones, entre otros.

Esta autoorganización también ha propiciado el proceso de autorregulación del colectivo, que se traduce en que los maestros y maestras regulan el devenir del mismo, sus responsabilidades, dificultades, perspectivas y proyecciones que derivan en unas maneras particulares de convivir, establecer lazos de afectividad, maneras de relacionarse, compartir roles y necesidades.

Por tanto, reconocer el Seminario de Formación Permanente como espacio intersubjetivo que permite compartir experiencias pedagógicas y producir colectivamente, significa reconocer que el conocimiento se construye y valida en el encuentro con otros, y en esa interacción se descubren las múltiples posibilidades de su acción pedagógica en el aula y se resignifica la escuela, la pedagogía, la educación, comprendiendo los fundamentos del discurso pedagógico y el sentido del educar.

Esa manera de actuar ha permitido el reconocimiento del trabajo pedagógico adelantado por Maestros en Colectivo y del Seminario de Formación Permanente en escenarios nacionales e internacionales. El encuentro posibilita la producción y presentación de experiencias y prácticas pedagógicas en las que se conjugan intereses, proyectos, metas comunes, modos de proceder, lo que se traduce en la organización de grupos, pares, equipos y líneas de trabajo permitiendo iniciar procesos de reconocimiento, proyección y legitimación en espacios en los cuales se discuten los asuntos relacionados con la investigación, innovación y el saber pedagógico.

La presentación y socialización de experiencias y proyectos pedagógicos se convierten para Maestros en Colectivo en una de las actividades más importantes y significativas entre sus propósitos, porque al socializar las vivencias en el aula se enriquecen las acciones pedagógicas en el aula, se dinamiza el discurso que orienta esa acción pedagógica, las valoraciones que el maestro y la maestra tienen sobre su trabajo y relación con los y las estudiantes, sus intenciones académicas, dificultades y obstáculos para llevar a cabo sus propuestas en las instituciones donde laboran cada uno de ellos, siendo reconocidos como maestros y maestras innovadoras, dinamizadoras y constructoras de saber pedagógico.

Pero además, se pretende legitimar lo que los maestros y maestras hacen en el aula, buscando en ello que sus trabajos sean replicados en otros escenarios por otros colegas y contribuyan a resolver dificultades de aprendizaje o problemas de orden escolar ocurridos en otros contextos.

Caracterizando la colectividad constituida

Como colectivo pedagógico que se forma, autorregula y trasciende, Maestros en Colectivo reconoce algunos elementos que han permitido llegar a la etapa en que está, entre ellos, la composición de nodos convergentes en referencia a asuntos comunes que agrupan a los maestros y maestras participantes. Entre estos se destacan:

Participación

Este aspecto se ha convertido en un referente para observar los diferentes puntos de vista de los maestros y maestras que entran en disputa al debatir sobre un punto expuesto con diversos argumentos en contraposición, que a su vez ha posibilitado reconocer la importancia del respeto por la opinión del colega, considerar e incluir lo que el otro piensa, reconocer la importancia de la toma de decisiones consensuada, el establecimiento de acuerdos y negociaciones colegiadas, la visibilización de las posturas teóricas individuales, el carácter pedagógico y el proceder en el aula de cada uno.

Colectivo

Toda forma de organización permite generar el reconocimiento del quehacer del maestro y la maestra por parte de la institución, de los otros colegas con los que se labora, de los grupos de trabajo y de los pares académicos. En este sentido, se aportan elementos que enriquecen el trabajo en equipo, las experiencias pedagógicas del colectivo, que se traducen en mejorar los procesos de formación de los y las estudiantes, propiciar otras formas de asumir los ambientes de aprendizaje, superar dificultades como la insularidad y el aislamiento y favorecer procesos de formación profesional colegiada.

Cultura organizativa

En la dinámica del Seminario de Formación Permanente aparecen ciertos roles organizativos que se comparten según intereses, potenciales, deseos, capacidades, expectativas, conocimientos y habilidades, como son los de *moderador*, quien es el encargado de otorgar la palabra a quien la solicita durante las sesiones adelantadas, *relator*, quien lleva el acta del encuentro, que en la siguiente reunión se lee y se somete a aprobación después de los ajustes pertinentes.

En cada sesión se socializan avances, se intercambian experiencias en relación con los proyectos y las vivencias de aula. Así mismo se abordan problemáticas relacionadas con la realimentación y reajuste de la propuesta de formación, innovación e investigación, lo que deriva en la asignación de responsabilidades y tareas en beneficio de la operatividad y del diseño, ejecución y registro de actividades específicas, individuales y conjuntas.

Confianza

Como colectivo que procura que cada uno tenga unos roles y funciones rotativas, se delegan responsabilidades como la participación en eventos, redacción de ponencias, presentación de documentos, entre otros, ya que todos no pueden asumir y realizar lo mismo por diferentes razones y circunstancias. En ese sentido se confía en los otros, en sus capacidades y potenciales, en que respetarán las decisiones colegiadas que se toman, que serán responsables ante las obligaciones adoptadas, las producciones escritas que se elaboran, a las relaciones que se establecen, a los compromisos asumidos y al defender las ideas y principios que fundamentan el colectivo.

Apertura

Otra de las condiciones que caracteriza a Maestros en Colectivo, en el marco del Seminario de Formación Permanente, es la disposición a permitir la introducción de nuevas ideas, pensamientos, planteamientos, objetos de estudio, exploraciones, marcos de reflexión, enfoques y métodos de investigación que enriquezcan y fortalezcan sus dinámicas, así como, el ingreso de nuevos maestros y maestras interesadas en pensar de otro modo la escuela, en compartir su experiencia de trabajo pedagógico, en asumir una actitud de respeto hacia el trabajo que se ha venido adelantando durante años, en participar y formular talleres pedagógicos acordes a sus prácticas pedagógicas, que se realizan en el grupo, a mantenerse en el sueño de constituir colectivamente una escuela distinta.

Entre fuerzas y tensiones

En la configuración de Maestros en Colectivo cada uno de sus integrantes se ha visto enfrentado a la vivencia de múltiples tensiones, producto de las diversas concepciones que se tenían sobre la enseñanza, la escuela, el saber, el maestro, y los escolares . Sin embargo, ello no fue un obstáculo para reconocerse como maestros y maestras con múltiples potenciales intelectuales y emocionales, como sujetos con diferentes maneras de comprender el mundo (y por supuesto la educación y la pedagogia), cuyas condiciones se deben considerar para convivir y respetarse como profesionales en una diversidad latente.

La multiplicidad de posturas, miradas y visiones de los maestros y maestras que constituyen el colectivo, no sólo enriquecen la producción pedagógica sino que generan una dinámica de tensiones y fuerzas que hacen crecer tanto al colectivo como al Seminario de Formación Permanente, y por supuesto a cada uno de sus integrantes, en la medida que aparecen diversas alternativas para enfrentar los conflictos, las contradicciones y los disensos, en tanto se proponen mecanismos diversos asociados al diálogo y la negociación, el reconocimiento a la diferencia, el respeto por el otro.

Fueron precisamente esta multiplicidad de formas de ver la vida y el mundo escolar, las que enriquecieron el trabajo del encuentro pedagógico, en el que más allá de constituirnos como maestros y maestras, lo que nació allí fue una profunda amistad que hoy nos reconoce como Maestros en Colectivo.

Tensiones

Dentro del colectivo se suscitan ciertas disputas debido a la multiplicidad de maneras de comprender el mundo., Estas situaciones se asumen como retos para convivir, resolver las diferencias pacíficamente, de validación, contrastación y transformación. La escritura, por ejemplo, es una condición que exige negociación en la búsqueda de puntos comunes y acuerdos a través de argumentaciones, reflexiones y discusiones canalizadas hacia los intereses generales del colectivo. Escribir colectivamente es un proceso complejo cargado de tensiones y desavenencias. La escritura deja entrever polaridad, entre el que asume llevar al papel la discusión y la postura del colectivo, ya que se hace evidente que el acto de escribir por muy colectivo que sea, es tamizado en mayor o menor medida por quien asume el rol del escribano dentro del grupo.

Cada participante aporta a partir de su saber y su experiencia pedagógica, académica e investigativa elementos para enriquecer la postura colectiva, así como, fortalecer las posiciones individuales, que se argumentan y discuten con el fin de complementar, compartir y pluralizar enfoques hacia la construcción de las temáticas objeto de estudio. Este discurso no es imparcial, como toda acción educativa está cargado de intenciones y actitudes acopladas a los modos de comprender la educación, la escuela, el conocimiento y el maestro, que implican no solo la necesidad de concertar, sino también validar ciertas posiciones en procura de establecer nodos argumentativos y acuerdos colectivos consensuados frente a la existencia de una disputa evidente entre teoría, las prácticas e imaginarios de los integrantes del colectivo.

Otro de los asuntos que produce tensiones al interior del colectivo se relaciona con la rigurosidad para afrontar las tareas asignadas. En algunas ocasiones, por cuestiones circunstanciales, algunos miembros del colectivo asumen sus responsabilidades y compromisos flexiblemente provocando que los productos no se entreguen en los tiempos establecidos y los resultados sean poco eficientes y productivos, generando entre los integrantes del grupo controversias que afectan sus dinámicas.

Las disputas por el poder y la autoridad emergen como otra de esas tensiones y se producen como consecuencia de los discursos, comportamientos, prácticas, actitudes y saberes de los maestros y maestras del colectivo, quienes en los encuentros argumentan centrados en sus posturas epistemológicas, didácticas e investigativas y en ciertos momentos, desconocen e invisibilizan los planteamientos expresados por los demás provocando discusiones y malestares entre los participantes. De allí la importancia de respetar, y valorar los diferentes puntos de vista y comprender que se crece con el otro en la diferencia.

Investigación e innovación

Otros asuntos que legitiman el trabajo en equipo ocurrido en el contexto del Seminario de Formación Permanente de Maestros en Colectivo son la investigación e innovación. Al constituirse el Seminario de Formación Permanente en un espacio de encuentro pedagógico, se da apertura a los debates sobre los sentidos y significados de la innovación en la escuela y el aula. Pero también, se reflexiona la investigación, se debate sobre los enfoques, los métodos, las técnicas e instrumentos y sobre la población y la muestra en los trabajos o proyectos de corte investigativo.

Por consiguiente, el Seminario de Formación Permanente se consolida en un escenario para la formulación de propuestas de innovación y de proyectos de investigación, a partir de cada una de las situaciones identificadas en los contextos en donde se desempeñan los maestros y maestras, que además, involucran sus necesidades, deseos, expectativas e intereses orientados a la construcción y reconstrucción de alternativas de transformación, innovación e investigación y con las cuales, precisamente, se busca contribuir a la resolución de esas situaciones problema.

Fuerzas

Se asumen como los elementos que han fortalecido la permanencia del colectivo, así como sus características y estructura. Los intereses profesionales comunes es una de las principales características del colectivo que ha direccionado las búsquedas hacia lo pedagógico permitiendo en ese proceso, crear estrategias de trabajo colegiado y la cualificación permanente de la labor de los maestros y maestras. Si bien los discursos son diferentes, existen afinidades y convergencias en el colectivo frente a las temáticas abordadas en el Seminario de Formación Permanente, que en muchas ocasiones, se convierten en el referente para formular estudios e investigaciones en el colectivo.

El alcance en la producción de saber ha sido un proceso continuo y permanente, el cual no está sujeto a una propuesta o convocatoria investigativa, por parte de alguna institucionalidad externa, sino especialmente al mismo proceso de formación permanente de sus integrantes, al deseo de cualificación, de reconocimiento y al ejercicio profesional en cada institución escolar, lo cual trae a diario nuevas necesidades, expectativas e intereses y reordena las ideas que en cada encuentro aportan al desarrollo de una actitud y practica investigativa de los integrantes.

Compartir con pares académicos en el marco de las diferentes experiencias, instituciones y posiciones ha ido construyendo puntos de encuentro alrededor de intereses y búsquedas comunes, enriqueciendo, transformando y visibilizando de un modo distinto, la cotidianidad de la escuela, las prácticas de los maestros y maestras, las prácticas de los maestros y maestras, con cada uno de los aportes del colectivo traducidos en apuestas de innovación pedagógica e investigación educativa.

La pertenencia y la empatía son características del accionar de Maestros en Colectivo, ya que a través del fortalecimiento de vínculos afectivos y de valores como el respeto, la escucha, la reflexión, la crítica constructiva y los acuerdos, es posible el trabajo en equipo y encaminar las búsquedas hacia un mismo horizonte y a conquistar objetivos comunes.

Hay una posición crítica para defender el pensamiento de Maestros en Colectivo, en la que se hace visible ser y hacer parte de una colectividad de maestros y maestras interesadas en constituir *una escuela distinta*, pensamiento que se refleja en el compromiso y trabajo pedagógico en cada una de las sesiones del Seminario de Formación Permanente. Este conjunto de fortalezas han permitido el respaldo y reconocimiento de instituciones diversas, de carácter público y privado, como el Instituto para la Investigación Educativa y el Desarrollo Pedagógico (IDEP), la Corporación Escuela Pedagógica, Experimental (CEPE) o la Fundación Compartir, entre otras, a través de las cuales se ha socializado y validado el trabajo sistemático y disciplinado generado en el equipo pedagógico, cuyos resultados se han convalidado, publicado y replicado en diferentes escenarios escolares.

En definitiva, Maestros en Colectivo se ha convertido en una experiencia de formación de maestros y maestras, que ha demostrado en las décadas de existencia que es posible el trabajo pedagógico en equipo, y en ese sentido, consolidarse en una experiencia de autoformación y cualificación que les permite a sus integrantes participar en la formulación de proyectos de innovación e investigación, en construir y deconstruir miradas y sentidos frente a cada temática, reto, evento, propuesta de socialización o estudio que se aborda.

La construcción de lo público desde los ambientes de aprendizaje en el aula

La discusión sobre la convivencia ciudadana y la educación para la democracia y la paz ha venido convocando un conjunto de reflexiones por parte de los educadores, maestros y maestras, interesados en contribuir en la búsqueda de alternativas pedagógicas, tanto en la escuela oficial y como en la privada, frente a los fenómenos de injusticia, exclusión social, violencia, ausencia de participación de los ciudadanos frente a los asuntos de interés colectivo, así como la falta de acceso a la construcción de espacios y ambientes de aprendizaje en los que sea factible la formación política, la construcción de lo público, el establecimiento de una sociedad más democrática y equitativa y la vivencia valores, comportamientos y actitudes que favorezcan el reconocimiento de la diversidad, el pluralismo y la convivencia pacífica.

Sumado a esto, se percibe que muchos ciudadanos no sólo desconocen los espacios, formas, roles y estructuras organizacionales de participación que les permiten su acción efectiva sobre los asuntos públicos sino que se ha generado, como consecuencia, la ausencia de una cultura de la participación, expresada, entre otras cosas, en la poca actitud ciudadana para conservar, apropiar y fortalecer las instituciones y políticas públicas. Estos aspectos han develado además, la pérdida de credibilidad en las instituciones y autoridades políticas por diversos fenómenos, entre ellos, la corrupción, y a un largo conflicto armado que afecta a todos los sectores sociales de la nación. De ahí la necesidad de la construcción y legitimación de lo público en la escuela, entre otras instancias, y de la formación política y ciudadana de los niños, niñas y jóvenes en el ámbito del aula de clase.

Se observa en la vida social una escasa voluntad política y compromiso civil respecto a las decisiones que los afectan e involucran, como también, la existencia de políticas públicas, sociales y educativas que poco exaltan el papel de las instituciones educativas, en particular, en el fortalecimiento de la democracia, la formación política, la convivencia para la paz y la constitución de espacios para deliberación, el diálogo, la toma de decisiones, por consiguiente, para la formación de un sujeto comprometido con la necesidad de participar efectivamente en los asuntos que los afectan como colectivo social.

Todos los anteriores factores, en gran medida, han venido promoviendo la necesidad de apoyar propuestas, proyectos y experiencias pedagógicas, escolares y educativas comprometidas con la formación de ciudadanos que reconozcan la importancia de constituir espacios de participación en los que se involucren y en los que se debatan los asuntos de interés común y se construya de modo distinto lo político, y por supuesto, lo público.

En la perspectiva de fortalecer el sentido de lo público como factor de inclusión social y de mejoramiento de la calidad educativa, de formación ciudadana, Maestros en Colectivo desarrolló la investigación *La construcción del sentido de lo público en los Ambientes de Aprendizaje en el Aula (AAA)* (2010), enfocada a caracterizar las formas cómo en los ambientes de aprendizaje en el aula los actores escolares construyen lo público, como también, formular una alternativas centrada en la educación ciudadana, el fomento de la participación de los y las estudiantes, de los maestros y maestras, en la perspectiva de construir espacios de deliberación, diálogo, y tramite de conflictos que se presenten en los debates propios del ámbito escolar. Lo que significa una gran renovación en las maneras como las personas se relacionan con el Estado y las instituciones públicas, cómo perciben el espacio público y por consiguiente, en los modos de construcción de lo público en la perspectiva de la constitución de la ciudadanía, la sociedad civil, la formación política y la democracia en el aula.

Esta investigación se desarrolló en siete instituciones escolares que reflejaban las relaciones con otras esferas de la sociedad, como por ejemplo, las políticas sociales, educativas, económicas y culturales. En consecuencia, se promovieron diversos mecanismos para favorecer la participación directa de los sujetos escolares en la perspectiva de los diferentes proyectos o instancias en cada institución, y con ello promover alternativas de solución a las problemáticas que afectaban a los y las estudiantes, acciones que favorecieron la participación, la intervención y la toma de decisiones colectivas.

Algunas ideas acerca de lo público

Para Garay (2008), etimológicamente "público" está asociado al concepto "popular", por lo que una de las acepciones se orienta hacia "el pueblo", emergiendo como una concepción que se aparta de aquello que significa íntimo, privado o secreto. A pesar de esto, no existe una total claridad sobre el mismo, pero ha acercado a los sujetos un poco más a la construcción del sentido de lo público en espacios en los que se permite que varios de ellos coincidan para dialogar, intervenir y participar de manera directa y efectiva, tomar decisiones, incidir en los asuntos debatidos y deliberar, en los que se logran acordar criterios que favorecen el establecimiento de esa sociedad justa, vivenciarle, democrática, pluralista y real con la que todos sueñan.

El ámbito de lo público es el lugar en donde se devela el tipo de sociedad que los sujetos desean y cada persona en particular, las tensiones, los juegos del poder, sus valores, comportamientos, actitudes y gestos socialmente aceptados y legitimados.

La definición de lo público trasciende la contrastación con lo privado, para ubicarse en la gran variedad de significados que le han atribuido para caracterizarlo, como por ejemplo, aquellas que asumen lo público con un asunto acoplado con lo que pertenece al Estado, que es accesible a toda la gente y perteneciente al bien común o al interés compartido, como lo señala Fraser (1997).

Se considera que la idea moderna de lo público se ha ido movilizando hacia todo lo referente al Estado y hacia la comunidad política. No obstante, en la actualidad, lo público comienza a relacionarse y entenderse como un espacio de confrontación colectiva, de empoderamiento de quienes lo asumen e involucran, en un escenario de participación y construcción social que favorece la deliberación sobre los asuntos que afectan a las comunidades locales.

En la esfera de lo público, los sujetos se encuentran para interactuar, dialogar-y para aprender del y con el otro sobre los asuntos de interés común que han de traducirse en decisiones y acciones colectivas, como lo afirman Hernández y Cerón (2005). A lo que añade Fraser (1997), quien retoma a Habermas, que lo público se constituye en el espacio institucionalizado donde los interlocutores deliberan y llevan a cabo la participación mediante el habla y la comunicación dialógica, permitiendo y garantizando con ello, la posibilidad de sana crítica sin que por ello suceda coacción.

La construcción, renovación, enriquecimiento y legitimación de lo público empieza a consolidarse en un proceso abierto de participación, deliberación y reflexión en los que intervienen asuntos de interés colectivo, como lo menciona Rodríguez (2007, p. 1) No obstante, no existe un enfoque único que lo posibilite, explique o distinga, en consecuencia, esta concepción sobre lo público, puede desaparecer o reconfigurarse para adoptar otros modos de ser y proceder dependiendo de los modos de ser de cada época.

La construcción de lo público se convierte en propósito en continua construcción y cambio que se alimenta y vivencia en la interacción subjetiva y es allí donde sufre transformaciones y acoplamientos. De ahí la importancia de ubicarlo en relación con unos espacios, ambientes de aprendizaje, sujetos e intenciones particulares, a fin de comprender sus características y posibilidades para facilitar o reconocer los procesos que favorecen o dificultan este proceso.

Lo público se asume entonces como el espacio de deliberación constante, de confrontación, diálogo, debate, negociación y acción en el cual las personas toman decisiones a través de la conversación, la tematización y la determinación de las problemáticas cotidianas y de interés común o de situaciones que las afectan o les interesa y que son susceptibles de ser intervenidas.

A pesar de lo expuesto, es necesario destacar que la construcción de lo público no es una tarea fácil, puesto que aún entre el conjunto general de la sociedad la noción de colectivo no se ha constituido y consolidado de una manera marcada. Las personas aun difícilmente trabajan con el otro en favor del aprendizaje, del intercambio de vivencias, de la construcción de conocimientos, de la formulación de acciones de intervención social, ciudadana y política, en fin, del bienestar común.

No se comprende que existen espacios de encuentro colectivo y relacional en el que las personas deliberan, comparten intereses, problemáticas, expectativas, necesidades, por lo tanto, no se apropian de ellos, es decir, los actores no incorporan lo público en su vida cotidiana, en el discurso y en sus prácticas, como lo argumenta Cerón (2006).

Así mismo, difícilmente se podrá deliberar y generar acciones concertadas si no hay conciencia de la necesidad de organizarse (y autorregularse) con el otro en donde se institucionalicen otras formas democráticas de ejercer el poder y en ese proceso trascender aquellas actitudes que se limitan a opinar de modo personal sobre los asuntos públicos sin incidir efectiva y activamente sobre ellos.

Espacios para lo público

El término público se relaciona con el conjunto de lugares físicos, como la calle, el parque, la plaza, la escuela, a los que acuden todas las personas para encontrarse y desenvolverse, los cuales son instalados por el Estado para el beneficio y aprovechamiento común. En esta idea lo público se asocia a un espacio concreto, material y observable en el que circulan las multitudes.

Al respecto, señalan Botero y Alvarado (2006), que lo público ha sido descrito a través de categorías como espacio, bienes, foro de expresión y accesibilidad. Sin embargo, dicha acepción se ha venido resignificando, en particular, en el marco de la escuela, para considerarse como un ejercicio en el que se involucran los actores escolares, en una condición de participación permanente en cada una discusiones y debates que se suscitan en los encuentros colectivos.

Con el transcurrir del tiempo ha venido emergiendo y constituyéndose una nueva concepción sobre lo público, en la que se reconoce como un asunto que se vivencia y construye en la interacción con los otros, en todo aquello que convoca a reunirse y a participar en especial, en aquellas cuestiones que afectan a quienes integran el colectivo y que requiere de intervención a través de la formulación de alternativas de solución y cambio.

Es en esa relación intersubjetiva que se aprende a tomar decisiones, a compartir ideas, a discernir, a colaborar para conseguir y construir de manera consensuada metas trazadas o a cumplir la tarea asignada. Esto implica que los sujetos se reconozcan como seres sociales legítimos, participativos, comunicativos, reflexivos, aceptados y respetados en la diferencia, que comprender que se encuentran para socializar, convivir o deliberar acerca de contenidos que los involucra como colectivo.

Para lograr el encuentro intersubjetivo, condición para iniciar la construcción de lo público, uno de los espacios para avanzar en este propósito, son los ambientes de aprendizaje en el aula, en el que los actores implicados se reconocen e instalan como una colectividad interesada en irrumpir en la sociedad para transformarla. No obstante, es importante resaltar que este, precisamente, es uno de los factores que complejiza este proceso de construcción colegiada, pues, la condición moderna durante mucho tiempo le apostó a constituir las subjetividades en la individualidad y poca importancia le otorgó al hecho que los sujetos se formaran en la colectividad, en la confluencia con el otro y en el intercambio colectivo.

Espacios de construcción de lo público

La construcción de lo público empieza a asumirse como vivencia y proceso, impulsados por la participación real y efectiva de quienes interactúan, por sus deliberaciones continuas, la toma de decisiones concertada, diálogos, formulación de iniciativas, políticas y definición de estrategias, en las que circulan saberes, conocimientos, valores, ideas, puntos de vista e historias de vida validadas y legitimadas socialmente.

Los nuevos espacios de socialización y la resignificación de los ya existentes, dan cabida al encuentro, interacción y la participación de los sujetos, quienes en esas dinámicas crean, constituyen y solidifican no el grupo y el colectivo social sino que se inicia e impulsa la construcción de lo público.

Uno de esos espacios es precisamente la escuela, particularmente sus aulas, (y en ellas, los AAA), ya sea dentro del salón de clase o en los diferentes rincones, corredores y escenarios escolares, donde esté ocurriendo un aprendizaje intencionado por la acción didáctica.

La escuela

En la construcción de lo público se le da apertura a diversos espacios en los que se integra al ciudadano para que se reconozca como protagonista de los hechos que afectan a su comunidad, "como algo que le corresponde, que le compete, en cuanto derecho y obligación" (Garay, 2008, p. 83).

A la escuela le corresponde propiciar los espacios, y en particular, los ambientes de aprendizaje como uno de los mecanismos para iniciar este proceso, en los que se privilegie la interacción colectiva sobre el accionar individual, se reconozca de una manera distinta al sujeto, es decir, como una construcción social e histórica, dispuesta a trabajar colegiadamente, encontrarse con el otro, analizar los aspectos que los afectan como comunidad, en los que se posibilita, a su vez, la formación política y ciudadana, en tanto se permita la consolidación de colectividades, la deliberación, la participación real y el establecimiento de acuerdos frente a los disensos y conflictos. De esta forma, la relación con uno mismo, con los otros y con el conocimiento se ve transformada y legitimada.

Se considera fundamental reconocer el carácter político del espacio escolar para resaltarlo como una posibilidad para la construcción del sentido de lo público y para la formación de sociedades más equitativas, como lo sostiene (Chaustre, 2007, p.102). Por ello, han de trascender los formalismos que han caracterizado a la democracia en la escuela, es decir, como lo señala (Chaustre, 2007, p. 102), la parafernalia que se organiza alrededor de las elecciones de los representantes a los estamentos del gobierno escolar, puesto que lo que realmente importa es trascender hacia la construcción de una cultura política, superando aquellas prácticas electorales instauradas, como único propósito fundamental para promover la participación real, efectiva y el ejercicio de los valores democráticos.

Hay un nuevo modo de proceder escolar en el que se ha hecho fundamental que los sujetos intervengan en los asuntos públicos y se configuren de una manera tal que puedan hacerlo, así irrumpe para transfigurar los saberes, las prácticas, los sujetos y la institución escolar en general. La denominación de lo público en el marco de la escuela va a caracterizar la forma como se construye su sentido, a orientar el modo de formación de un sujeto político interesado en el acontecer escolar y social, del ciudadano, así como los mecanismos necesarios para fortalecer la cultura de la participación, la democracia y la sociedad civil.

Al constituir la escuela espacios de encuentro subjetivo, como los Ambientes de Aprendizaje en el Aula (AAA), se avanza en el proceso para la construcción de lo público y en la formación de sujetos políticos comprometidos con el establecimiento de sociedades más justas y equitativas, como afirma Chaustre (2007, p. 105).

Se hace necesario que la escuela considere la posibilidad de dar apertura a nuevas formas de relacionarse, reconocerse, a nuevas maneras de .asumirse, ser, actuar y estar en el mundo, de trabajar en el aula, de convivir con los demás y por supuesto, de constituirse como sujeto integrante de una comunidad, de construir cultura en un escenario en el que se planteen propuestas que den nuevos significados al papel de las instituciones educativas en la construcción de una cultura política democrática, pluralista y equitativa.

Las instituciones educativas juegan un papel importante, en tanto, se convierten en espacios sociales y pedagógicos en los que las prácticas de los maestros y maestras, y en general del contexto escolar, contribuyen para que la democracia se convierta en una vivencia cotidiana que regula, relaciona e impulsa la construcción de lo público como una intención pedagógica.

Por tanto, la escuela debe considerar la importancia de ampliar la participación de los sujetos escolares mediante la apertura e instalación de espacios como los de los Ambientes de Aprendizaje en el Aula (AAA), a tal punto que se apropien de este ejercicio como una manera de afectar lo escolar y lo social, de tomar decisiones, de dialogar, definir e incidir en la formulación de propuestas y alternativas que impacten, transformen y resuelvan situaciones y problemas identificados.

Espacios institucionalizados

En la escuela existe una serie de espacios institucionalizados para la participación en los que es posible la construcción del sentido de lo público. Entre esos espacios se encuentran aquellos instituidos por los marcos legales que rigen a la escuela y la educación, como son, los estamentos definidos para el Gobierno Escolar, en los que participan estudiantes, maestros, maestros, padres de familia y directivos, entre otros, y en los cuales es factible la construcción de lo público en la medida en que allí se debaten asuntos de interés institucional que afectan el acontecer de la escuela y requieren ser atendidos por los integrantes de estos órganos colegiados.

Espacios no institucionalizados

Entre los espacios no institucionalizados para la construcción de lo público en la escuela se encuentran el patio de descanso, los corredores y pasillos, los baños y la cafetería, entre muchos otros, lugares en los que el encuentro estudiantil está mediado por una serie de saberes no intencionados por la institución misma, o donde se concretizan en la vivencia otros que en el aula de clase se imparten. Ahí se intercambian saberes, opiniones, valores, se hacen palpables las pautas de convivencia y de construcción de conciencia colectiva, pero también se constituyen subjetividades, así como, colectividades con diversos intereses, expectativas, deseos y necesidades.

Algunas de esas colectividades de estudiantes surgen de las dinámicas de aula o de la escuela misma y que responden a los intereses de los educandos, como son los comités, brigadas semilleros, grupos y clubes, entre otros, y que se encuentran para debatir aspectos alrededor de problemáticas ambientales, artísticas, deportivas, que motivan, convocan y generan propuestas y posturas que en ocasiones pueden llegar a entrar en conflicto con las prácticas u objetivos de la institucionalidad misma.

Desde luego, en esas colectividades los estudiantes establecen de común acuerdo normas particulares que los regula y ciertos parámetros de comportamiento que se deben adoptar para ser admitidos y participar en ellos, y se constituyen en las fronteras de la escuela y son posibles de utilizar en el camino de la construcción de lo público en la escuela.

Foros de expresión

Otra de las alternativas, asociadas a los AAA, susceptibles de implementarse para la construcción del sentido de lo público, son los Foros de Expresión. Acogiendo algunos de los planteamientos expresados en el marco de la perspectiva del modelo deliberativo de Jürgen Habermas, los Foros de Expresión se constituyen en espacios en los que se reconoce en la acción comunicativa el mecanismo fundamental para que las subjetividades participen como afectados en la construcción de acuerdos y mínimos para su convivencia (Botero y Alvarado, 2006, p. 10). En la escuela, como se ha venido afirmando, la construcción de lo público implica generar espacios, institucionales o no institucionales, donde los sujetos integrantes de la comunidad conformen colectividades, sean protagonistas a través de la comunicación y la participación efectiva, ya que lo común a todos converge en medio de la multiplicidad de intereses y exige la implicación colectiva para afrontar las divergencias y proponer posibles acciones de solución...

Los foros de expresión se establecen como espacios que no buscan homogenizar a los sujetos, sino comprenderlos como sujetos diversos y comunicativos fortaleciendo su identidad y pertinencia colectiva para interactuar, construir saberes socialmente significativos, reconocer al otro en la diferencia, con el que se comparte y construye la confianza, para promover en definitiva, el sentido de colectivo y cimentar lo público. Los foros de expresión van a legitimar el trabajo colegiado de los y las estudiantes, otorgándoles un valor significativo a lo que se hace, a los procesos de participación y a las formas diversas de comunicación.

Los foros de expresión son para la escuela una opción para el encuentro, el reconocimiento de la diversidad, la pluralidad, la inclusión, el debate, la negociación como mecanismo para tramitar los conflictos, compartir la amistad, coincidir con los otros. Brinda a la escuela la oportunidad de ser un espacio con un proyecto de participación en el que es posible la confrontación de intereses, la deliberación colectiva, actuar concertadamente con el otro respetando las diferencias, construyendo identidad y pertenencia , apropiándose de la cultura propia de esa colectividad en la que se está inmerso. Por ello es importante fomentar la creación e instalación de los foros de expresión con actividades en donde se reconozca un interés común y se fortalezca la convivencia y la construcción de lo público.

> *[...] para construir el mundo público es preciso que libremente aflore la pluralidad, las diversas miradas donde se expresen las diferencias; lo cual significa configurar un espacio de visibilidad en que hombres y mujeres pudieran ser vistos y oídos y revelar mediante la palabra y la acción realmente quienes son.*

Al respecto Arendt (1995, p. 21) señala

> *[...] para construir el mundo público es preciso que libremente aflore la pluralidad, las diversas miradas donde se expresen las diferencias; lo cual significa configurar un espacio de visibilidad en que hombres y mujeres pudieran ser vistos y oídos y revelar mediante la palabra y la acción realmente quienes son.*

La escuela tiene un verdadero reto, el de reconocer el valor sentido de la participación para convertirla en un principio educativo que trascienda la habitual convocatoria a la elección de gobierno escolar, para fortalecerla con la consulta a todos los actores de la comunidad, para la creación de ambientes de aprendizaje en el aula en los que se favorezca la construcción de lo público, asambleas y foros de expresión para deliberar sobre asuntos de interés común y buscar acuerdos en beneficio de todos, del bien común.

Elementos posibilitadores de lo público en el aula

En el marco de los Ambientes de Aprendizaje para la construcción del sentido de lo público, se entiende la política como práctica mediante la cual los seres humanos adaptan, transforman e inciden en el entorno social para convertirlo en un ambiente que esté de acuerdo con las prioridades comunes y que a la vez, tenga en cuenta su historia vivida.

Se comprende que la política no se ejerce individualmente sino que es un ejercicio colegiado que requiere del establecimiento de normas, pautas y acuerdos tendientes a regular los modos de actuación de quienes integran ese colectivo, pero también, de la participación efectiva mediante el diálogo o la formulación de alternativas de intervención que redunden en la transformación social y la resolución de las problemáticas que afecten a las comunidades.

Como se observa, la política y la formación son asuntos de carácter colectivo, como también la construcción de lo público. Por tanto, al referirse a lo público en el marco de los AAA, se está haciendo alusión al espacio de encuentro colectivo, de construcción social, en el que se reúnen los actores escolares a discutir, dialogar, participar y deliberar sobre asuntos que son de interés común, que los involucran como individuos y como colegialidad que están comprometidos con el acontecer personal y de su colectividad.

Esta postura converge con el proceso de reivindicación de lo público que plantean Cárdenas y Olaya (2005), para quienes se debe iniciar una resignificación conceptual y práctica en el marco de aquello que construye colectivamente, y que en consecuencia, reivindica el valor de los individuos como sujetos sociales, políticos e históricos, como actores diversos y pluriculturales, cuyos saberes, mundos y cosmovisiones constituyen la capacidad necesaria para afectar las dinámicas sociales y las nociones mismas de sujetos políticos y democráticos, y por supuesto, de ciudadanía.

Es pertinente precisar que en relación con la construcción de lo público en el marco de los AAA, emerge una serie de categorías y objetos de valoración que permiten dilucidar cómo se lleva a cabo, enriquece y caracteriza este proceso. Estos elementos pueden no sólo caracterizar la construcción de lo público sino abordar las dinámicas mismas de las formas de autoorganización que se generan en los AAA. Entre esos elementos constitutivos que facilitan la construcción de lo público en los AAA se destacan la *participación*, la *cultura organizativa* y las *formas de organización* que se conforman.

En cuanto a la participación, es preciso destacar que se asume en dos sentidos, como acción y una práctica que implica que el sujeto posee capacidades para expresar sus emociones, representaciones y opiniones e intervenir directa y efectivamente en la toma de decisiones que lo afectan tanto a él como a su colectivo. Pero también se comprende cómo proceso que va desde la escucha indiferente hasta la deliberación constante, que implica la intervención reflexiva, el compromiso y voluntad por involucrarse en las cuestiones de interés común, que a su vez le permiten incidir y decidir sobre aquellos aspectos que los vinculan como agentes colegiados. Dicho proceso que se construye en la confianza, en la aceptación y reconocimiento de sí mismo y del otro, en los encuentros que se crean por iniciativas personales, en la ejecución de las actividades y en los espacios que se constituyen para discutir temas de interés colegiado.

Al mismo tiempo, en las dinámicas de los colectivos se hace manifiesta una cultura organizativa que se construye, alimenta y recompone alrededor de la colectividad, que se comprende como el conjunto de creencias, valores, actitudes, discursos, relaciones de poder, normas, acuerdos, tensiones, sentimientos, símbolos y proyectos compartidos que se establecen conjuntamente al interior de un cuerpo colegiado por parte de sus integrantes.

Por tal razón, las decisiones, el establecimiento de las normas, así como, la proposición de proyectos de intervención, entre otros, es una cuestión que involucra a todos aquellos que participen de la colectividad. En consecuencia, siguiendo a Maturana (1994, p. 30), si uno de los integrantes del grupo quiere que todos los demás hagan y digan lo que él desea y piensa, no se estaría construyendo lo público y fortaleciendo la democracia ni mucho menos consolidándose lo colectivo, porque habrían imposiciones de carácter discursivo, actitudinal, órdenes, sumisión y no una toma concertada de decisiones, así como el establecimiento de compromisos y negociaciones.

Como señala (Chaustre, 2007, p 105), para el logro de metas establecidas en un colectivo es importante el diálogo como característica del ser humano, a través del cual se pueden establecer todo tipo de interacciones (, consensos, deliberaciones y la creación de acuerdos que autorregulen la convivencia permitiendo a los grupos intervenir en los asuntos que los afectan y evitar la imposición de las ideas, responsabilidades, roles y tareas.

Por su parte, las formas de organización se comprenden como los modos como se agrupan los actores escolares que participan de un proceso de interacción para abordar alguna actividad propuesta, los cuales permiten la construcción de una cultura organizativa propia, la autoorganización, participación, coordinación y ejecución de tareas o actividades. Entre las formas de organización que se crean en los AAA se encuentran los grupos y los equipos. El grupo se define como un conjunto de personas que emprenden una tarea y se comprometen con unas responsabilidades, y en tanto, esté presente la solicitud tarea-responsabilidad se reúnen, dialogan, planean y ejecutan respecto a la misma, pero cuando desaparece la solicitud o se cumple con ella, se desintegra esta forma de organización. Los equipos por su parte, se entiende como un conjunto de personas que realizan una tarea coordinadamente para alcanzar un resultado, en donde cada miembro está encargado de una función, se complementan, comprometen, autoorganizan y se constituyen mediante lazos de afectividad y confianza, y a pesar de cumplir con las responsabilidades asignadas y las labores otorgadas, no se desintegra sino que permanece, cohesiona, solidifica y proyecta.

Estas formas de organización, de trabajo colectivo en los AAA, facilitan la participación, la construcción de una cultura organizativa, lo público, compartir búsquedas, incentivar formas de relación distintas, aprendizajes, realizar actividades, formular proyectos, en fin, incidir en las decisiones y situaciones que los involucran como colectivo.

La participación hacia la interacción

Participar significa incidir, ser parte activa e intervenir en los asuntos de interés común que afectan a una colectividad, afirma Rodríguez (2008, p. 1). En este sentido, agrega Arendt (1995), el núcleo de la participación es el poder, y por ello, supone la capacidad humana de actuar en concierto, de esta manera, el poder no es propiedad de una persona (individuo), sino que se manifiesta por el encuentro de los actores en el colectivo y existe sólo mientras éste exista, por ende, participar significa que los sujetos son capaces de estar activamente presentes en los procesos de toma de decisiones que atañen a su conjunto.

La participación es una gran oportunidad para garantizar el reconocimiento de las personas como actores escolares, sociales, políticos e históricos que actúan e inciden en la construcción, apropiación y transformación de las decisiones públicas que los afecta, como en la formulación de políticas públicas.

En el marco de las instituciones sociales y educativas (incluyendo la escolar), los sujetos desconocen o no se apropian de los espacios, formas y estructuras organizacionales de participación. Sumado a esto, el ejercicio de lo participativo se supedita a la representatividad por parte de otros. Además de esto, se desarrollan unas prácticas sociales, educativas y pedagógicas en la escuela que promueven la formación de una cultura que alimenta actitudes pasivas frente al estado de las cosas, de lo instaurado, de los ordenamientos sociales y una educación, que en muchas ocasiones, fomenta la apatía, falta de voluntad y compromisos políticos, obediencia y docilidad de los actores frente a los líderes, a los asuntos de interés público y a los procesos de participación, generando en última instancia, la ausencia de una cultura efectiva de participación.

Esa ausencia de una cultura de la participación, producto de la falta de compromiso y conocimiento frente a los mecanismos y estrategias que reafirman las relaciones de confianza y respeto que se constituyen entre los sujetos y estamentos, ha provocado una escasa valoración del proceso participativo y sus posibilidades tangibles de realización y de formación política, poco compromiso para incidir en las decisiones que se toman, como también, limitada disposición para construir colegiadamente proyectos e intervenir en los asuntos deliberados.

Formas de participación

Entre las formas de participación aparecen las *directas*, que se posibilitan cuando proceden de la voluntad de las mismas personas, grupos o sectores involucrados en los asuntos a debatir, que permiten una intervención efectiva a través de la formulación de puntos de vista e ideas, proposición de estrategias de trabajo que guardan una estrecha relación con la democracia directa o participativa. Y las *indirectas* que se suscitan cuando se delega a otro la responsabilidad de la actuación sobre los asuntos a tratar o se es representado por r una persona o grupo de personas para incidir en las decisiones a tomar, que están relacionadas directamente con la democracia representativa, como lo señala la Fundación Social (1993, p. 34).

La participación se constituye en un proceso permanente y continúo a través del cual es factible el establecimiento de acuerdos, las concertaciones, así como la toma de decisiones acordadas. Para ello, es fundamental que en el marco de la escuela, en específico en los AAA, se introduzcan actividades que impulsen a los miembros de la comunidad escolar a actuar e intervenir en los procesos educativos, sociales y comunitarios en los cuales pudieran cooperar mutuamente.

Estas formas de participación en los AAA asumieron diferentes modos, entre los que se destacan:

Escucho, no me escuchan

Para algunos estudiantes, la participación implica oír a quien ellos consideran es quien posee la información y conocimiento, es decir, reconocen solamente, entre otros, al maestro y a la maestra como sujetos de saber, conocimiento, poder y actuación, pero ellos no se asumen como personas que han construido vivencias de conocimiento. Ellos comprenden que la participación no es un proceso ni producto de su voluntad y compromiso personal, sino que es una condición que los maestros y maestras posibilitan en el aula. Es por ello que asumen actitudes de asistencia pasiva, en las que adoptan posiciones de escucha indiferente y poca intervención en las temáticas abordadas en clase , o en otros casos, de escucha reflexiva según el interés motivado por la actividad planteada.

Escucho, respondo

La participación significa levantar la mano o pedir la palabra para expresar una idea, pregunta, comentario o para dar una opinión a fin de dar u obtener respuesta, por lo general, a alguna inquietud relacionada con un interrogante planteado por el maestro, la maestra o compañero del salón, quizás para preguntar acerca de algo no comprendido respecto a la actividad misma o a la temática abordada o para dar cuenta de alguna situación que afecta la convivencia y las relaciones interpersonales.

La práctica de levantar la mano para participar es fomentada e impulsada cotidianamente en la práctica educativa de los maestros y las maestras, que se exige como requisito para el escuchar alguna respuesta o comentario, para opinar y dar cuenta de las ideas, como también para escucharse mutuamente, hacer preguntas, argumentar puntos de vista, respetar la palabra del otro, manifestar emociones, cuestionar temáticas, detenerse a pensar, prever consecuencias, ampliar los horizontes, enriquecer las vivencias de conocimiento, entre otras.

Escucho, me escuchan

Es el encuentro con los otros que permite que los y las estudiantes expresen sus ideas, deseos, intereses, necesidades e inconformismos y que amplíen sus vivencias de conocimiento. Cuando hay la posibilidad de un diálogo e intercambio de ideas donde ambas partes contribuyen y aprenden de los otros , la opinión cuenta y lo que se piensa también, la controversia con argumentos frente a lo que no se está de acuerdo alimenta las discusiones y el aporte fortalece el trabajo colectivo, pero además, les enseña que su voz es importante y valorada, que son sujetos comunicativos que reconocen el saber del otro para constituirse, conformar colectividades y crear mundos posibles.

Aporto

El acuerdo precede a la acción, es la ejecución de la participación del sujeto que asume, que se responsabiliza, que se compromete consigo mismo y con el colectivo ante una tarea común, adelantando acciones específicas pero determinantes. En este marco la participación es real, efectiva e implica la intervención directa sobre los asuntos que convocan a las colectividades a reunirse y debatir.

Soy parte

Cuando se asume como actor colectivo, en el sentido que se superan las individualidades y el carácter de lo privado, se está dando paso a que los niños, niñas y jóvenes se piensen como parte de una organización que trabaja por el bien común y la participación va más allá de aportar o ayudar en algo para que todo resulte efectivo, sino que contribuye a sentirse parte de una colegialidad (hay sentido de pertenencia), los intereses propios se conjugan con los de los otros para plantear nuevos horizontes y la participación en el mecanismo para involucrarse en los asuntos que los convocan.

La escuela como escenario de formación política para la ciudadanía y para el fortalecimiento de la democracia, así como para la construcción de lo público, en muchas ocasiones se ve enfrentada a diversos desafíos que le plantea el contexto, entre ellos la constitución de sujetos sociales y políticos que vean en la participación una condición necesaria, fundamental para la convivencia y la intervención efectiva en los asuntos de interés común.

En este sentido, el reto de la escuela se orienta a generar espacios reales para que se suscite una participación auténtica y para ello, es importante constituir espacios de interacción social que permitan la deliberación, la discusión y la formulación de alternativas de bienestar común, que redunde en la construcción de una cultura participativa y en la formación de un actor social, político y cultural que comprenda su compromiso con la escuela y la comunidad.

Discurso y la voz del otro

En las interacciones que se establecen en los AAA, los discursos y las voces de los niños, niñas y jóvenes tienen un papel preponderante. A través de ellos manifiestan sus necesidades, deseos y expectativas, se involucran y participan, colocando en juego sus pensamientos, puntos de vista y experiencias, pero también, sus concepciones del mundo y la vida social, los cuales son inherentes y se asocian con una práctica o a una acción. A través de los discursos se revela la pluralidad de sus pensamientos y se manifiestan los deseos de ser parte constitutiva de una colectividad y de impactar con su discurso la manera y las decisiones que se toman. Dichos discursos se ponen en juego en cada uno de los encuentros para argumentarse, debatirse y reflexionarse, y ello, es esencial para vivir juntos y construir en ese proceso de construcción de lo público.

Elementos que favorecen la participación

Entre los elementos que favorecen la participación se encuentran :

Vínculos interpersonales

El establecimiento de los vínculos, en especial de carácter personal, entre los integrantes de una colectividad es fundamental para que el trabajo en equipo suceda y se fortalezca, los resultados planteados se consigan y el grupo se consolide, de lo contrario, las tensiones propias de un colectivo serán las que primen y terminen diluyéndolo, haciendo de la convivencia una experiencia que se aleja de la armonía. Por ello, cuando las relaciones interpersonales acontecen en la amistad, en la fraternidad y en la concordia, son más fácilmente de establecer, de negociar y concertar, distintos a aquellas en las que median las tensiones y no hay un fuerte vínculo y establecimiento de lazos familiares y filiales entre los integrantes del colectivo.

Muchas veces en los AAA, aunque exista un interés común para adelantar alguna acción por parte de un colectivo, esta se puede ver truncada por la poca empatía y los vínculos personales construidos. La manera como se relacionen los integrantes determina la función, la funcionalidad, la cohesión, la producción y el mantenimiento, así como la convivencia, de quienes integran una organización colegiada, de allí la importancia de establecer entre sus miembros unos vínculos que los fortalezcan en la colectividad.

Sentido de pertenencia

Solo aquel que se sienta motivado por un interés, un deseo o una expectativa, participa de forma efectiva y activa en los asuntos colectivos, pero ante todo, busca sentirse integrado, reconocido y parte de una colegialidad. Esta motivación surge del sentido de pertenencia hacia un ámbito donde logre identificarse y reconocerse en colectivo. A su vez, esto permite generar actitudes de compromiso y responsabilidad, proyectar, crear, finalmente organizarse para ejecutar acciones que redunden en la reflexión y la transformación social. Justamente, el sentido de pertenencia permite la cohesión del grupo y la construcción de una identidad respecto unos modos de pensar, actuar y proponer alternativas de solución.

Ambientes de aprendizaje en el aula

Como se ha visto, los AAA son una apuesta y una alternativa en la que se pueden generar condiciones para la formación y el reconocimiento de los niños, niñas y jóvenes como sujetos socialmente activos, participativos, comunicativos, reflexivos, capaces de resolver problemáticas que les afectan, directa e indirectamente.

En las interacciones colectivas se privilegia el encuentro con el otro como una manera de conocer puntos de vista, expectativas e intereses a fin de ser considerado en la toma de decisiones y en la resolución de problemas que les afectan, en un ambiente de deliberación continua en el que se exponen los argumentos y se dispone a los niños, niñas y jóvenes para vivenciar procesos de concertación, negociación y la preparación para escuchar, enriquecer o modificar los argumentos con base en las discusiones y debates con los otros.

Para lograr este objetivo es necesario que los niños, niñas y jóvenes reconozcan la importancia de manejar, interpretar, usar y valorar la información que se consulta acerca de las temáticas, problemas o asuntos abordados, puesto que ésta ha de convertirse en el fundamento del proceso de construcción del conocimiento y les permitirá un mayor acercamiento a la comprensión de los fenómenos estudiados. Así como reconocer el valor del diálogo como un mecanismo que posibilita el respeto por las opiniones de los otros y el establecimiento consensuado de acuerdos. La participación de los niños, niñas y jóvenes significa reconocer y apoyar las habilidades, destrezas e intereses mediante la vivencia que les permita involucrarse en las decisiones que afectan sus vidas escolares y en la comunidad en donde ellos se desenvuelven.

Ambientes de aprendizaje escolares

El ambiente de aprendizaje escolar o educativo se constituye en el escenario de los encuentros, asuntos comunes e interrelaciones personales de los y las estudiantes, característico de la vida escolar, articulado y externo a los AAA, es el lugar donde se desenvuelve su vida social y pública, en el que confluyen y ocurren aquellas situaciones, conflictos, procesos, relaciones y acciones que en muchas ocasiones no se abordan en el aula de clase.

En este ambiente, susceptible de crearse en el patio de recreo, cafetería, cancha deportiva o restaurante escolar, entre otros, se establecen no solo grupos y colectivos al igual que en los AAA, sino relaciones personales en las que se involucran la formación política y educativa de los y las estudiantes, sus deseos, aspiraciones, frustraciones, temores, el conocimiento, sus experiencias e historias de vida, en él se manifiestan modos particulares de convivencia, de relacionarse con los demás, se construyen afinidades, en las interacciones ocurren tensiones que los impulsa a mostrar las maneras singulares como resuelven esas diferencias y conflictos, revelar los mecanismos a los que acuden para dirimirlos, pero además, buscan ser reconocidos, aceptados e incluidos, establecer vínculos y lazos de pertenencia que los cohesiona.

Formas de organización, el colectivo

Adicional a la participación, otro de los elementos que favorece la construcción de lo público en los AAA son las formas de organización que se establecen a su interior, en particular, los colectivos, en lo que se configura una cultura organizativa y se posibilitan diversas formas de participación.

Los colectivos, en el escenario de los AAA, pueden definirse como una forma de organización que se construye en y con el encuentro de los actores escolares que interactúan entre sí para lograr resultados, una tarea, resolver un conflicto, realizar una actividad o determinar requerimientos específicos, que proceden con un cierto grado de independencia, que dirigen su esfuerzo a la consecución de un objetivo común, con la convicción de que colectivamente se puede alcanzar dicha meta mejor que en forma individual. "Un colectivo se concibe "[...] más que un grupo de personas [...] cuando [se habla] de colectivo nos referimos a un grupo de personas que poseen un problema común" (CEPE, 2000, p. 33) y , y emprende en esa dinámica de interacción la búsqueda pertinente para resolverlo.

Es el colectivo el lugar en que se comparten identidades, metas, objetivos comunes, éxitos, fracasos, se coopera, colabora, establecen tareas específicas para cada sujeto, se toman decisiones colectivas, se desempeñan diferentes funciones de acuerdo con sus conocimientos, deseos, intereses, expectativas y características personales.

Los colectivos se reconocen como "formas naturales de vida de los seres humanos y en particular, que las condiciones de existencia en el ámbito de la convivencia y del conocimiento sólo son posibles en los colectivos" (p. 37) .

Los colectivos se asocian al conjunto de personas convocadas alrededor de un interés común que requiere de acciones de intervención para lograr su consecución. Esto exige el establecimiento de compromisos, complementariedades, responsabilidades, distribución de tareas, asignación de roles que fortalezcan los lazos de afectividad, se construyan conocimientos, intenciones, orienten búsquedas similares y el deseo de trabajar con el otro como colegas de saber y experiencias.

Entre las principales formas como se materializan los colectivos en los AAA se encuentran los *grupos*, reconocidos como una forma de agrupación de los actores escolares en la que se permite el intercambio de ideas, que posibilita entre ellos la colaboración, en especial, cuando alguno de sus integrantes no tiene conocimiento de ciertos aspectos que se refieren al trabajo escolar; así mismo, este espacio favorece otras formas de convivencia, de relación interpersonal, en el que se comparten materiales, pensamientos, imaginarios, hallazgos y búsquedas y que además, contribuye al encuentro con el otro para adelantar las actividades, se escucha a quienes opinan, se aprende de lo que hacen los demás, se contestan preguntas, se corrige a quien se equivoca, se dialoga, se comparten vivencias, incluso ajenas al trabajo, pero que influyen en sus actuares, particularmente, se divierte en la interacción con los otros.

Y los equipos se conciben como un conjunto de personas que se encuentran para realizar una tarea de modo coordinado, planteada por los mismos integrantes del equipo, quienes aúnan esfuerzos para lograrla y alcanzar los resultados propuestos, en él cada miembro está encargado de una función, se complementan, comprometen, autoorganizan y se constituyen mediante lazos de afectividad, y a pesar de cumplir con la labor otorgada, no se desintegran sino que permanecen, se consolidan, plantean nuevas exploraciones, tareas, retos y se proyectan.

Cada una de estas formas de organización, de constituir colectividades se caracteriza por una serie de elementos entre los que se destacan:

Propósitos y motivaciones

Los colectivos se van consolidando en la medida en que convergen en intereses comunes, propósitos y motivaciones, ya sea en relación con una tarea académica, un juego grupal, una necesidad o inquietud compartida. Los propósitos, motivaciones e intereses que llevan a que los sujetos se relacionen con los otros, son definidos por ellos mismos, ya que son quienes en su contacto directo en el ámbito escolar y social entienden la dinámica de participación y colaboración para llegar a acuerdos y fines concretos, mientras que la construcción de significados compartidos, que se crean interactivamente entre los integrantes de la colectividad al tratar de alcanzar la meta o misión que los convoca se concibe como una cultura, como lo señala Romero, 2005, p. 56) .

Entre las motivaciones que impulsan a los actores escolares a . conformar colectivos se encuentran en particular la afinidad, amistad e identidad con los asuntos que los convoca, los lazos afectivos que se han establecido en un espacio relacional de cooperación, la confianza, intereses, gustos, emociones, preocupaciones, desafíos, pero en especial, el reconocimiento personal y la necesidad de construir, compartir, vivenciar, validar formas de enfrentar la vida y de convivir.

Los colectivos pueden derivarse del agrupamiento espontáneo, producto de la necesidad de los mismos sujetos escolares que se interesan en constituir dicha agrupación. También en ocasiones, las colectividades se constituyen como derivación de la orientación que hacen los maestros y maestras de acuerdo con ciertos criterios pedagógicos o didácticos. Otras se conforman en razón de las metas compartidas, que son las que han definido el colectivo y se convierten en un elemento cohesionador al igual que la empatía entre los miembros. Sin lugar a dudas, una de las motivaciones que prevalece al momento de trabajar con otro y constituir una colectividad es el establecimiento de los lazos de amistad, relaciones de confianza y la afinidad respecto a las ideas y comprensiones sobre el sentido de la escuela, el maestro y la educación.

Autoorganización

Hablar de autoorganización en la óptica de los Ambientes de Aprendizaje en el Aula (AAA) para la construcción del sentido de lo público significa reconocer la existencia de un proceso y una serie de mecanismos que les permite a los integrantes convivir, comunicarse, compartir y estar en cada uno de los momentos de encuentro asumiendo un rol particular asignado de manera colegiada.

La autoorganización, comprendida como esa manera particular como los sujetos dentro de las colectividades se bastan a sí mismos para desempeñarse autónoma e independientemente, es una estrategia factible de promoverse al interior de las dinámicas de los colectivos, que se funda en el establecimiento de acuerdos y de un conjunto de pactos, producto de la negociación, articulados a las condiciones particulares de cada colegialidad, a los propósitos, fines y metas que los integrantes se plantean. Desemboca en la posibilidad que cada grupo se organice, determine sus funciones, asigne los papeles de cada miembro, acuerde las rutas de trabajo, coordine las tareas asignadas y evalúe el desempeño colectivo.

Aunado, la autoorganización posibilita la delegación consensuada de las tareas en el colectivo, facilita la toma de decisiones concertadas, la estipulación conjunta de las normas, reglas de funcionamiento y criterios para la convivencia, la comunicación y las relaciones personales armónicas, lo cual contribuye en los AAA a la vivencia de una cultura política basada en el reconocimiento de la importancia de la participación y de involucrarse en los asuntos que se debaten allí, favoreciendo además, la formación de sujetos democráticos, participativos, reflexivos y propositivos frente al acontecer escolar y social.

Auto organización y el sentido de lo público

En la intención de construir el sentido de lo público en el ámbito de la escuela (y por supuesto de los AAA), como se ha observado, la autoorganización de los colectivos es fundamental en ese proceso, ya que a través de su implementación se propicia la emergencia y constitución de un espacio intersubjetivo e intencionado en el que se comprende que la negociación, el establecimiento de acuerdos y la concertación, son los mecanismos para impulsar la participación, la formación política y ciudadana, para fortalecer el colectivo, avanzar en la ejecución de sus propuestas, invitar a otros estamentos e incluir a nuevos integrantes.

Así, en la medida en que los sujetos se autoorganicen es factible fortalecer el colectivo mismo, favorecer interacciones en las que se resalte el valor de la construcción de la confianza, el respeto y la amistad, se reconozcan los potenciales el otro y se establezcan relaciones orientadas a la deliberación constante, al consenso y a la proposición de rutas de exploración académica. Y adicional a esto, se avanza en el proceso de construcción del sentido de lo público en el aula en particular, y en la escuela en general.

Cultura organizativa: relaciones y significaciones

La constitución de organizaciones se ha convertido en uno de los asuntos relevantes y necesarios de la sociedad contemporánea para que las comunidades intervengan en los asuntos que los afectan, participen directamente en la formulaciones de políticas, estrategias, alternativas frente a las problemáticas existentes e incidan sobre las decisiones que los involucra.

Al interior de cada una de estas organizaciones y colectivos se determina una cultura propia que los identifica de manera particular. Dicha cultura en el marco de los AAA se comprende como la "totalidad de significados construidos y aprendidos" (Romero, 2005, p. 60) por los integrantes de una colectividad, como el conjunto de imaginarios, gestos, comportamientos, valores y actitudes que orientan las actuaciones de los sujetos en un grupo colegiado.

Esta cultura organizativa es el resultado de la circulación de significados, concepciones, aprendizajes, lenguajes, imágenes, identidades y discursos de los integrantes del colectivo, que se materializan en cada encuentro para contribuir en su formación autónoma, responsable, política y comprometida. Es en definitiva, a este conjunto de "creencias, valores, actitudes, sentimientos, símbolos y proyectos compartidos por los miembros de toda organización" (Bolívar, 1999, Citado por Romero, 2005, p. 60), a lo que se le denomina cultura organizativa.

La cultura organizativa emerge como un producto de la construcción de significados compartidos, que se crean interactivamente entre los miembros de la colectividad al tratar de alcanzar la meta o misión que los convoca, así, la organización viene a ser concebida como una cultura, (Romero, 2005, p. 56), a través de la cual es posible vislumbrar las formas que adquieren las interacciones cotidianas, las tensiones que se suscitan, los conflictos, los acuerdos establecidos, las relaciones de poder y los valores que los cohesionan e identifican como colectivo.

Entre los elementos que caracterizan la cultura organizativa se encuentran:

Tensiones y conflictos

Los Ambientes de Aprendizaje en el Aula (AAA), al ser espacios de interacción y socialización subjetiva, son afectados por tensiones y conflictos que ocurren entre sus integrantes, en especial, cuando en esas interacciones se manifiestan posturas contradictorias y puntos de vista diferentes en relación con algún objeto de estudio abordado, respecto a los modos de producción escrita, a alguna idea o proyecto a desarrollar o por algún inconformismo con las actitudes y comportamientos personales.

En este marco el conflicto es comprendido como aquella situación que se presenta

> *[ ] cuando uno o varios actores manifiestan pretensiones encontradas sobre determinados recursos, lo cual, en principio, obstaculiza la cooperación social. Un conflicto surge, entonces, cuando determinados sujetos desean realizar acciones que son mutuamente incompatibles, por lo cual la posición del uno es vista por el otro como un obstáculo a la realización de su deseo (Uprimny, 2001, p. 23).*

El conflicto es una actuación necesaria y fundamental en los AAA para la construcción de lo público, ya es una manera de aprender del otro y de crecimiento con el otro. En la medida en que exista el conflicto se comprende que el otro piensa distinto, que se ubica en un lugar diferente en las discusiones y que es necesario establecer acuerdos frente a las divergencias. El conflicto permite dilucidar la multiplicidad de posicionamientos frente a alguna situación, las necesidades, intereses y puntos de vista de los integrantes, pero además, las maneras de argumentar, de respaldar y defender las ideas cuando estas son distintas a las de los demás.

Más allá de concebir el conflicto como un acto de agresión o de violencia, se asume en los AAA como una situación de desacuerdo e incompatibilidad frente a algún asunto, en la que es necesario establecer unos mecanismos para la resolución fundados en el diálogo y la concertación. De este modo, se reconoce la importancia de la formación para el manejo y la resolución pacífica de los conflictos que se susciten, a través de estas vivencias se contribuye a fortalecer la convivencia, la concertación y el respeto por la diferencia entre los actores escolares.

Múltiples son las causas que inducen a la emergencia del conflicto en los AAA, entre ellas se destacan la falta de comunicación asertiva entre los actores, intolerancia, irrespeto, falta de reconocimiento del otro y compromiso, de responsabilidad, colaboración y la poca cohesión y sentido de pertenencia, de los integrantes que conforman el colectivo. Cada uno de estos factores, adicional a otros, como la ausencia de propuestas para enfrentar una actividad por parte de los integrantes del colectivo, el establecimiento de acuerdos, normas y reglas de funcionamiento del colectivo, se convierten en oportunidades de aprendizaje en el camino de instalar mecanismos mediadores de las diferencias en los AAA y de maneras particulares de convivir y de operar internamente del colectivo.

Relaciones de autoridad

Es importante reconocer que en los AAA se manifiestan en muchas ocasiones relaciones de autoridad, que afectan la convivencia de los colectivos y hacen parte de esa cultura organizativa. En este contexto, se comprenden como aquellas actitudes y comportamientos de los miembros del colectivo orientados a imponer puntos de vista, al dominio hacia los demás, al sometimiento de las ideas y la obediencia respecto al desarrollo de las tareas. Este tipo de relaciones por lo general, se convierte en una interferencia para la construcción de lo público, de los lazos de amistad, respeto y confianza, necesarios en el mantenimiento de la cohesión del colectivo, la convivencia y la construcción del conocimiento.

Normas y acuerdos

Al hablar de normas y acuerdos se hace referencia a los criterios que se construyen y se establecen para regular la convivencia en una organización, significa el reconocer los mecanismos, los actores y las situaciones que intervienen en el proceso de construcción de aquellos preceptos necesarios para lograr convivir con los otros, en el marco de una colectividad, con los que se regulan las acciones de sus participantes y convivencia interna.

La misma organización colegiada, en el contexto de los AAA, es la encargada de establecer los criterios que les permite a sus integrantes regular las interacciones personales, la convivencia, los modos de proceder, de actuar, comportarse, de afrontar los retos y tareas formuladas, los cuales son aceptados, seguidos y legitimados por todos.

Hábitos y valores

En el proceso de la construcción de lo público, en el marco de los AAA, en particular, en las interacciones colectivas que allí se suscitan, emerge una serie de hábitos y valores de los integrantes, comprendidos como esos modos particulares de proceder, de comportarse o de actuación de los actores escolares en una colectividad, que hacen parte de su historia, de sus tradiciones familiares, sociales y culturales, que son construidos, reconstruidos y validados en la interacción subjetiva, necesarios para el reconocimiento y la convivencia colectiva, que a su vez, fortalecen procesos como la participación, la formación ciudadana, convivencia armónica y la consolidación de la democracia que determinan el acontecer del colectivo, los aspectos de identidad y cohesión, orientando sus formas de pensamiento, las emociones, lazos de afecto y sus prácticas de comportamiento social.

Dichos valores se resignifican, reconfiguran o se desvanecen efecto de las concepciones de los integrantes del colectivo, de la emergencia de nuevos imaginarios sociales y culturales, como también, las dinámicas convivenciales internas, las experiencias y las historias de vida individuales.

Entre los valores que son fundamentales para la convivencia y el trabajo en equipo en las colectividades, se encuentran el compromiso y responsabilidad frente a la realización de las tareas asignadas, que fortalece la construcción de la confianza, la autonomía, el reconocimiento, el respeto a la diferencia, así mismo y a los otros.

Comunicación sobre asuntos comunes

Al hablar de la comunicación en las organizaciones constituidas por los sujetos escolares, se está haciendo referencia al proceso que conjuga los discursos, diálogos, interacciones comunicativas y lenguajes que circulan en los encuentros intersubjetivos que ellos establecen. Esto significa reconocer los AAA como en un espacio de relación comunicativa en el que se producen los intercambios simbólicos, discursivos, de contenido, de carácter discursivo entre los actores escolares que participan de las deliberaciones que allí ocurren.

Es precisamente a través de estos actos comunicativos que se construye la confianza, se regula la interacción, reconoce la importancia del respeto por el otro, se aprende, construye conocimientos, enriquecen los significados, la cultura, y en especial, se determinan las condiciones para el ejercicio de la ciudadanía, la democracia, la convivencia pacífica, se vivencian los alcances y limitaciones de la participación en un grupo social, entre otros.

Para que la comunicación sea efectiva es importante reconocer el valor de aprender a tomar la palabra, a escuchar activamente, aprender cuando callar, aprender a preguntar, a aceptar observaciones, a formular un hipótesis, a defender un punto de vista, son condiciones fundamentales para participar de un colectivo, señala Pérez Abril (2009, p. 1).

La comunicación se convierte en la condición para la interacción social en los AAA, en la medida en que posibilita la emergencia de espacios en los que solucionan problemas, conflictos, se concierta ante la importancia del disenso, se reconoce al otro como diferente, se contribuye en la formación de ciudadanos, se construye la identidad y el sentimiento de colectividad, en fin, se aportan elementos en el proceso de construcción de lo público.

Como se vio, la construcción del sentido de lo público en el marco de la metáfora de los AAA es una condición que se articula a la presencia de una serie de elementos que impulsan su concreción. Entre esos elementos constitutivos se encuentran la participación, que incluye todas sus formas de manifestación, las formas de organización colectiva, que se materializan en la creación de grupos y equipos conformados por los actores escolares y la expresión de una cultura organizativa, singular y propia de cada colectividad integrada por valores, hábitos, conflictos, normas, acuerdos, entre otros, que orientan la convivencia, cohesión y permanencia de los colectivos.

www.ingramcontent.com/pod-product-compliance
Lightning Source LLC
LaVergne TN
LVHW080454160826

845677LV00006B/1354

* 9 7 8 9 5 8 2 0 1 3 0 6 6 *